プリント形式のリアル過去問で本番の臨場感！

山形県

日本大学山形高等学校

2025年春受験用

解答集

本書は，実物をなるべくそのままに，プリント形式で年度ごとに収録しています。
問題用紙を教科別に分けて使うことができるので，本番さながらの演習ができます。

■ 収録内容

・解答集（この冊子です）

書籍ＩＤ番号，この問題集の使い方，最新年度実物データ，リアル過去問の活用，
解答例と解説，ご使用にあたってのお願い・ご注意，お問い合わせ

・2024（令和６）年度 ～ 2022（令和４）年度　学力検査問題

JN131834

○は収録あり	年度	'24	'23	'22			
■ 問題（一般入学試験）		○	○	○			
■ 解答用紙		○	○	○			
■ 配点							
■ 英語リスニング原稿※		○	○	○			

解答はありますが
解説はありません

※リスニングの音声は収録していません
注）問題文等非掲載：2023年度社会の4

資料の非掲載につきまして

著作権上の都合により，本書に収録している過去入試問題の資料の一部を掲載しておりません。ご不便をおかけし，誠に申し訳ございません。

教英出版

■　書籍ＩＤ番号

入試に役立つダウンロード付録や学校情報などを随時更新して掲載しています。
教英出版ウェブサイトの「ご購入者様のページ」画面で，書籍ＩＤ番号を入力してご利用ください。

書籍ＩＤ番号　101305

（有効期限：2025年9月30日まで）

【入試に役立つダウンロード付録】
「ラストチェックテスト(標準／ハイレベル)」
「高校合格への道」

■　この問題集の使い方

年度ごとにプリント形式で収録しています。針を外して教科ごとに分けて使用します。①片側，②中央のどちらかでとじてありますので，下図を参考に，問題用紙と解答用紙に分けて準備をしましょう（解答用紙がない場合もあります）。

針を外すときは，けがをしないように十分注意してください。また，針を外すと紛失しやすくなりますので気をつけましょう。

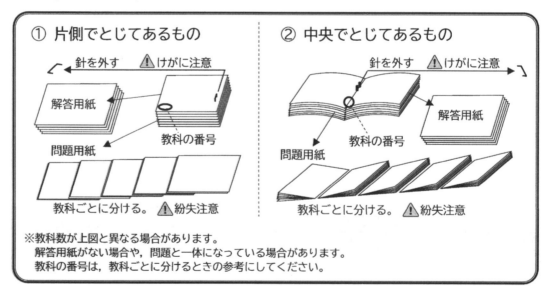

① 片側でとじてあるもの　　② 中央でとじてあるもの

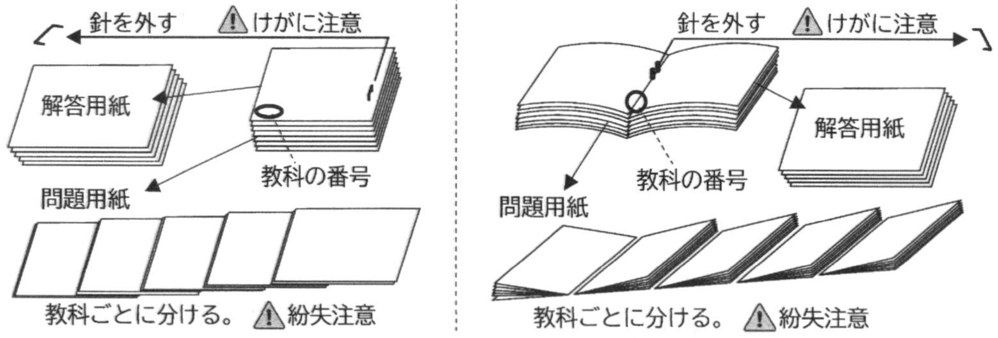

※教科数が上図と異なる場合があります。
解答用紙がない場合や，問題と一体になっている場合があります。
教科の番号は，教科ごとに分けるときの参考にしてください。

■　最新年度 実物データ

実物をなるべくそのままに編集していますが，収録の都合上，実際の試験問題とは異なる場合があります。実物のサイズ，様式は右表で確認してください。

問題用紙	Ａ４冊子(二つ折り)
解答用紙	Ａ４片面プリント

リアル過去問の活用

～リアル過去問なら入試本番で力を発揮することができる～

本番を体験しよう！

問題用紙の形式（縦向き / 横向き），問題の配置や余白など，実物に近い紙面構成なので本番の臨場感が味わえます。まずはパラパラとめくって眺めてみてください。「これが志望校の入試問題なんだ！」と思えば入試に向けて気持ちが高まることでしょう。

入試を知ろう！

同じ教科の過去数年分の問題紙面を並べて，見比べてみましょう。

① 問題の量

毎年同じ大問数か，年によって違うのか，また全体の問題量はどのくらいか知っておきましょう。どのくらいのスピードで解けば時間内に終わるのか，大問ひとつにかけられる時間を計算してみましょう。

② 出題分野

よく出題されている分野とそうでない分野を見つけましょう。同じような問題が過去にも出題されていることに気がつくはずです。

③ 出題順序

得意な分野が毎年同じ大問番号で出題されていると分かれば，本番で取りこぼさないように先回りして解答することができるでしょう。

④ 解答方法

記述式か選択式か（マークシートか），見ておきましょう。記述式なら，単位まで書く必要があるかどうか，文字数はどのくらいかなど，細かいところまでチェックしておきましょう。計算過程を書く必要があるかどうかも重要です。

⑤ 問題の難易度

必ず正解したい基本問題，条件や指示の読み間違いといったケアレスミスに気をつけたい問題，後回しにしたほうがいい問題などをチェックしておきましょう。

問題を解こう！

志望校の入試傾向をつかんだら，問題を何度も解いていきましょう。ほかにも問題文の独特な言いまわしや，その学校独自の答え方を発見できることもあるでしょう。オリンピックや環境問題など，話題になった出来事を毎年出題する学校だと分かれば，日頃のニュースの見かたも変わってきます。

こうして志望校の入試傾向を知り対策を立てることこそが，過去問を解く最大の理由なのです。

実力を知ろう！

過去問を解くにあたって，得点はそれほど重要ではありません。大切なのは，志望校の過去問演習を通して，苦手な教科，苦手な分野を知ることです。苦手な教科，分野が分かったら，教科書や参考書に戻って重点的に学習する時間をつくりましょう。今の自分の実力を知れば，入試本番までの勉強の道すじが見えてきます。

試験に慣れよう！

入試では時間配分も重要です。本番で時間が足りなくなってあわてないように，リアル過去問で実戦演習をして，時間配分や出題パターンに慣れておきましょう。教科ごとに気持ちを切り替える練習もしておきましょう。

心を整えよう！

入試は誰でも緊張するものです。入試前日になったら，演習をやり尽くしたリアル過去問の表紙を眺めてみましょう。問題の内容を見る必要はもうありません。どんな形式だったかな？受験番号や氏名はどこに書くのかな？…ほんの少し見ておくだけでも，志望校の入試に向けて心の準備が整うことでしょう。

そして入試本番では，見慣れた問題紙面が緊張した心を落ち着かせてくれるはずです。

※まれに入試形式を変更する学校もありますが，条件はほかの受験生も同じです。心を整えてあせらずに問題に取りかかりましょう。

2024 解答例
令和6年度

日本大学山形高等学校

《国　語》

一　問一．イ　問二．⑴エ　⑵ア　問三．イ　問四．ウ　問五．ア　問六．⑴ウ　⑵エ　問七．エ　問八．甚

二　問一．A．ア　B．ウ　問二．幸福　問三．個性　問四．⑴現代の教育　⑵自ら「育つ」ことのよさを体験してもらう　問五．イ　問六．イ　問七．個性を奪う　問八．イ

三　問一．Ⅰ．なが　Ⅱ．ざっとう　Ⅲ．紛失　Ⅳ．困惑　問二．A．イ　B．ウ　問三．ア　問四．ア　問五．運動が苦手～ない子供。〔別解〕れない子供　問六．ウ　問七．エ

四　問一．⑴つらづえ　⑵おりける　問二．イ　問三．エ　問四．よき　問五．A．ア　B．イ　問六．ウ　問七．ウ　問八．イ

《数　学》

1　⑴-4　⑵$8$　⑶$\frac{\sqrt{2}}{2}$　⑷$\frac{36x-55y}{10}$

2　⑴$3$　⑵$\frac{5}{3}$　⑶$x=2$　$y=-5$　⑷$16$　⑸$x^2-8x+16-y^2$　⑹$58$　⑺$\frac{1}{2}$

3　⑴$18$　⑵$10$　⑶$14$　⑷$-\frac{24}{5}x+\frac{576}{5}$

4　⑴$\frac{3}{2}$　⑵$\left(-\frac{4}{3},\ \frac{8}{3}\right)$　⑶$\frac{20}{3}$

5　⑴$\frac{5}{3}$　⑵$3:2$　⑶$\frac{6}{5}$

6　⑴$\frac{1}{7\times8}$　⑵$\frac{1}{3}-\frac{1}{4}$　⑶$\frac{1}{11}$　⑷$\frac{10}{11}$

《社　会》

1　問1．1月26日22:00　問2．ウ　問3．エ　問4．ア　問5．イ　問6．エ　問7．日系人

2　問1．フォッサマグナ　問2．オ　問3．ア　問4．ウ　問5．Ⅰ．2500　Ⅱ．イ　Ⅲ．エ　Ⅳ．ヒートアイランド

3　問1．エ　問2．イ　問3．ア　問4．ウ　問5．ウ　問6．ア

4　問1．キリスト教徒でないことを示すために役人の前で踏ませた。　問2．イ→ウ→ア

5　［番号／記号］　問1．［①／ア］　問2．［④／エ］　問3．［②／イ］　問4．［③／ウ］　問5．［②／イ］　問6．［④／エ］

6　問1．イ　問2．公共の福祉　問3．インフォームド・コンセント　問4．ア　問5．ウ　問6．イ　問7．8,000

7　問1．エ　問2．イ　問3．ウ　問4．A．ウ　B．コ　C．カ　D．ク　問5．①オ　②カ　問6．イ

《理　科》

1　(1)7.5　(2)初期微動継続時間　(3)50　(4)震央　(5)40　(6)イ

2　(1)季節風　(2)C　(3)A　(4)A．シベリア気団　B．オホーツク海気団

3　ウ，エ

4　(1)B　(2)ひげ根　(3)ウ　(4)道管　(5)ウ

5　(1)C　(2)①キ　②ケ　(3)肺動脈　(4)イ，エ

6　(1)X．Aa　Y．aa　(2)ウ　(3)エ

7　(1)ア．O_2　イ．HCl　ウ．CO_2　(2)下方

8　8：3

9　(1)A．$CaCO_3$　C．NaCl　E．$CaCl_2$　(2)赤　(3)①3.0　②B．5.4　C．0.7

10　(1)2時間30分　(2)ア　(3)面…C　圧力…3000　(4)ウ　(5)850　(6)2100　(7)イ

11　(1)3　(2)0.3　(3)830

12　(1)ウ　(2)エ

《英　語》

1　1．No.1．ウ　No.2．エ　No.3．ア　No.4．エ

2．No.1．○　No.2．×　No.3．×

3．No.1．(1)ウ　(2)オ　No.2．イ

2　A．(1)イ　(2)ウ　(3)ウ　(4)ア　(5)エ　(6)イ　(7)エ

B．(1)better／than　(2)of／listening　(3)he／was　(4)soon／as　(5)Spanish／used　(6)before／eating

C．[3番目／5番目]　(1)[イ／キ]　(2)[ア／キ]　(3)[ア／イ]　(4)[ア／カ]　(5)[オ／イ]　(6)[オ／ア]　(7)[ア／イ]

3　(1)ウ　(2)エ　(3)ア　(4)ウ　(5)エ　(6)イ　(7)イ　(8)ア　(9)エ　(10)ウ，オ　(11)イ

2023 解答例 令和５年度　日本大学山形高等学校

《国　語》

一　問一．⑴ア　⑵ウ　　問二．エ　　問三．エ　　問四．青　　問五．ウ　　問六．イ　　問七．ア　　問八．二

二　問一．ａ．伴　ｂ．分析　ｃ．容易　ｄ．充足　　問二．Ⅰ．カ　Ⅱ．イ　　問三．全地球～の環境
問四．イ　　問五．思考を～考える　　問六．ウ　　問七．逆限定の関係　　問八．ア

三　問一．ｂ．つか　ｃ．ぶなん　ｄ．りんかく　　問二．ａ．ア　ｅ．ウ　　問三．ア　　問四．エ　　問五．ア
問六．すこやかで　　問七．Ⅰ．人々の思い　Ⅱ．暮らし　　問八．ウ　　問九．悪目立ち

四　問一．ころおい　　問二．Ｂ　　問三．エ　　問四．現はれて　　問五．ウ　　問六．エ　　問七．イ

《数　学》

1　⑴2　⑵$10\sqrt{7}$　⑶$\frac{3}{4}y$　⑷$-2a-\frac{b}{3}$

2　⑴$a=\frac{2S}{b}$　⑵$\frac{5}{12}$　⑶$2\pm2\sqrt{2}$　⑷$-7x+8$　⑸高さ…$3\sqrt{3}$　体積…$9\sqrt{3}\pi$
⑹$x=-3$　$y=8$

3　⑴$\frac{1}{3}x+1$　⑵42　⑶$\frac{1}{3}x-6$

4　⑴8　⑵$-\frac{5}{4}x+3$　⑶$-3+\sqrt{13}$

5　⑴$4\sqrt{3}$　⑵$6\sqrt{7}$　⑶12　⑷$\frac{6\sqrt{7}}{7}$

6　⑴30　⑵45　⑶1　⑷$3+\sqrt{3}$

《社　会》

1　問１．１，28，４，00　　問２．リスボン　　問３．ア　　問４．エ　　問５．ゲルマン　　問６．混合
問７．イ　　問８．偏西風

2　問１．関東ローム　　問２．原油　　問３．イ　　問４．ウ　　問５．Ⅰ．800　Ⅱ．イ　Ⅲ．ウ

3　問１．オ　　問２．ア　　問３．イ　　問４．イ　　問５．ウ　　問６．ア　　問７．地方交付税交付金

4　問１．エ　　問２．エ　　問３．エ　　問４．ウ　　問５．コンパクトシティ　　問６．イ　　問７．イ

5　問１．イ　　問２．ウ→エ→ア→イ　　問３．ウ　　問４．エ　　問５．織田信長　　問６．ａ．イ　ｂ．ア
問７．ウ

6　問１．イ　　問２．キ　　問３．孫文　　問４．エ　　問５．ウ　　問６．ア　　問７．Ｂ国

《理　科》

1 (1)溶解度　(2)イ→カ→キ

2 (1)純水にうすい水酸化ナトリウム水溶液を加える。　(2)陰〔別解〕−　(3)エ　(4)$2H_2O \rightarrow 2H_2 + O_2$

3 (1)還元　(2)ウ　(3)エ→ウ→ア→イ　(4)４：１　(5)①0.15　②2.0

4 (1)①対立形質　②９　③3750　(2)カ　(3)クローン

5 (1)セキツイ　(2)体温　(3)ウ，ク，コ　(4)ウ

6 (1)オ　(2)イ　(3)記号…イ　名称…血しょう　(4)オ

7 (1)６　(2)34，56　(3)25　(4)エ

8 (1)露点　(2)①1.4　②22　③イ

9 (1)エ　(2)①11，36　②52　(3)①ウ　②イ

10 (1)54　(2)60　(3)6000　(4)１：３：５　(5)イ　(6)ア　(7)イ

11 (1)1.5　(2)0.1　(3)120　(4)エ　(5)２

《英　語》

1 １．No.１．ア　No.２．ア　２．No.１．ウ　No.２．ウ　３．No.１．イ　No.２．エ
４．No.１．エ　No.２．イ　５．No.１．ア　No.２．ウ

2 A．(1)ア　(2)エ　(3)ア　(4)ウ　(5)イ　(6)エ　(7)ウ　(8)イ　B．(1)more／difficult　(2)have／never　(3)good／playing　(4)who／has　(5)where／lives　(6)must／not　C．［２番目／４番目／６番目］　(1)[カ／ウ／エ]　(2)[イ／カ／オ]　(3)[ウ／イ／ア]　(4)[オ／ア／ウ]　(5)[エ／オ／ア]　(6)[カ／オ／イ]

3 １．①オ　②ア　⑤エ　⑦イ　２．イ　３．of the shop became big news　４．ウ　５．(1)エ　(2)ア
６．ア　７．420　８．(1)×　(2)×　(3)○　(4)×　(5)○　(6)×

2022 解答例 令和4年度 日本大学山形高等学校

《国　語》

一　問一．(1)エ　(2)ウ　問二．ア　問三．イ　問四．エ　問五．ウ　問六．師走

二　問一．a．次第　b．普遍　問二．よくわか～て見える　問三．ウ　問四．イ　問五．エ　問六．ア　問七．エ　問八．特殊　問九．エ　問十．現実の理解、判断の基準　問十一．エ

三　問一．a．偶然　b．下駄　問二．オ　問三．擬態語　問四．ウ　問五．ウ　問六．幾らでも、食えるだけ食わしてやる　問七．ア　問八．エ　問九．エ

四　問一．A．いとう　B．しずか　C．こよい　問二．ア　問三．Ⅰ．エ　Ⅱ．ウ　問四．ウ　問五．イ　問六．イ　問七．ほととぎす　問八．(1)イ　(2)エ

《数　学》

1　(1)11　(2)4　(3)$5\sqrt{3}$　(4)$-\frac{1}{2}x^3y$

2　(1)5　(2)2　(3)$x=2$　$y=1$　(4)$\frac{5\pm\sqrt{13}}{6}$　(5)$x^2+12x-y^2+36$　(6)$a(x-3)(x-9)$　(7)70　(8)$\frac{1}{3}$

3　(1)$y=-\frac{4}{x}$　(2)$y=x$　(3)6

4　(1)4　(2)$y=x+2$　(3)18

5　(1)$3\sqrt{2}$　(2)30　(3)$\frac{3\pi-9}{4}$

6　①$2x$　②36　③x^2　④x^2+x

《社　会》

1　問1．東経30　問2．インダス　問3．ウ　問4．A　問5．フェアトレード　問6．イ　問7．オ

2　問1．リアス　問2．エ　問3．ウ　問4．Ⅰ．1875　Ⅱ．ア　Ⅲ．ハザードマップ　Ⅳ．みかん　Ⅴ．ウ

3　問1．イ　問2．ア　問3．イ　問4．エ　問5．ウ　問6．エ　問7．ア　問8．ウ

4　問1．ウ→ア→イ　問2．一揆の首謀者が誰か，わからなくするため。

5　[番号／記号]　問1．[②／イ]　問2．[④／エ]　問3．[③／ウ]　問4．[①／ア]　問5．[④／エ]　問6．[③／ウ]

6　問1．エ　問2．幸福追求　問3．ア　問4．エ　問5．b．国会　c．連帯　問6．カ　問7．ウ　問8．イ

7　問1．発券銀行　問2．イ　問3．ア　問4．ウ　問5．マイクロクレジット　問6．オ　問7．h．40　i．75

《理　科》

1　⑴黄色　⑵①呼吸　②光合成　⑶CO_2　⑷ウ

2　⑴ウ　⑵赤血球　⑶細胞呼吸　⑷腎臓

3　⑴エ　⑵潜性形質　⑶3　⑷イ，ウ

4　⑴10　⑵8　⑶8，23，10　⑷4

5　⑴①小笠原　②オホーツク海　③停滞　⑵1012　⑶ア

6　⑴ア　⑵①A　②南　③ウ　⑶①C　②ア

7　⑴ウ　⑵イ　⑶エ　⑷ウ　⑸9　⑹5　⑺40　⑻80

8　⑴0.5　⑵510

9　⑴10　⑵25

10　⑴ウ　⑵ア　⑶①$2H^+$　②H_2　⑷イ，エ

11　⑴イ　④青／桃　⑵ウ

12　⑴記号…C　気体…CO_2　⑵0.785　⑶1.06　⑷(a)0　(b)2.33　⑸50

《英　語》

1　1．No. 1．エ　No. 2．イ　No. 3．ウ　2．No. 1．イ　No. 2．ア　No. 3．ウ　3．No. 1．ア　No. 2．ア　4．No. 1．イ　No. 2．ア

2　1．⑴イ　⑵イ　⑶イ　⑷ア　⑸イ　⑹ア　⑺ウ　⑻ア　⑼ア　2．⑴older／than　⑵to／hear　⑶how／old　⑷was／cut　⑸what／should　3．⑴ウ　⑵ア　⑶エ　⑷イ　⑸ア　⑹イ

3　⑴あ．ア　い．エ　う．オ　え．ウ　お．イ　⑵①left　②sitting　③making　④to open　⑶ア　⑷A．ア　B．エ　C．イ　D．ウ　⑸ア，エ，オ　⑹⑴Yes, she did.　⑵No, they didn't.　⑶She has lived there for more than ten years.

■ ご使用にあたってのお願い・ご注意

（１）問題文等の非掲載

著作権上の都合により，問題文や図表などの一部を掲載できない場合があります。

誠に申し訳ございませんが，ご了承くださいますようお願いいたします。

（２）過去問における時事性

過去問題集は，学習指導要領の改訂や社会状況の変化，新たな発見などにより，現在とは異なる表記や解説になっている場合があります。過去問の特性上，出題当時のままで出版していますので，あらかじめご了承ください。

（３）配点

学校等から配点が公表されている場合は，記載しています。公表されていない場合は，記載していません。

独自の予想配点は，出題者の意図と異なる場合があり，お客様が学習するうえで誤った判断をしてしまう恐れがあるため記載していません。

（４）無断複製等の禁止

購入された個人のお客様が，ご家庭でご自身またはご家族の学習のためにコピーをすることは可能ですが，それ以外の目的でコピー，スキャン，転載（ブログ，ＳＮＳなどでの公開を含みます）などをすることは法律により禁止されています。学校や学習塾などで，児童生徒のためにコピーをして使用することも法律により禁止されています。

ご不明な点や，違法な疑いのある行為を確認された場合は，弊社までご連絡ください。

（５）けがに注意

この問題集は針を外して使用します。針を外すときは，けがをしないように注意してください。また，表紙カバーや問題用紙の端で手指を傷つけないように十分注意してください。

（６）正誤

制作には万全を期しておりますが，万が一誤りなどがございましたら，弊社までご連絡ください。

なお，誤りが判明した場合は，弊社ウェブサイトの「ご購入者様のページ」に掲載しておりますので，そちらもご確認ください。

■ お問い合わせ

解答例，解説，印刷，製本など，問題集発行におけるすべての責任は弊社にあります。

ご不明な点がございましたら，弊社ウェブサイトの「お問い合わせ」フォームよりご連絡ください。迅速に対応いたしますが，営業日の都合で回答に数日を要する場合があります。

ご入力いただいたメールアドレス宛に自動返信メールをお送りしています。自動返信メールが届かない場合は，「よくある質問」の「メールの問い合わせに対し返信がありません。」の項目をご確認ください。

また弊社営業日（平日）は，午前９時から午後５時まで，電話でのお問い合わせも受け付けています。

2025 春

株式会社教英出版
〒422-8054　静岡県静岡市駿河区南安倍３丁目 12-28
TEL　054-288-2131　　FAX　054-288-2133
URL　https://kyoei-syuppan.net/
MAIL siteform@kyoei-syuppan.net

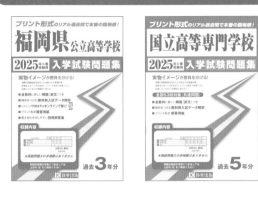

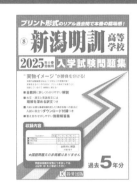

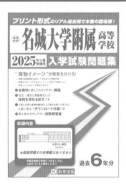

学校別問題集

北海道

①札幌北斗高等学校
②北星学園大学附属高等学校
③東海大学付属札幌高等学校
④立命館慶祥高等学校
⑤北海高等学校
⑥北見藤高等学校
⑦札幌光星高等学校
⑧函館ラ・サール高等学校
⑨札幌大谷高等学校
⑩北海道科学大学高等学校
⑪遺愛女子高等学校
⑫札幌龍谷学園高等学校
⑬札幌日本大学高等学校
⑭札幌第一高等学校
⑮旭川実業高等学校
⑯北海学園札幌高等学校

青森県

①八戸工業大学第二高等学校

宮城県

①聖和学園高等学校(A日程)
②聖和学園高等学校(B日程)
③東北学院高等学校(A日程)
④東北学院高等学校(B日程)
⑤仙台大学附属明成高等学校
⑥仙台城南高等学校
⑦東北学院榴ケ岡高等学校
⑧古川学園高等学校
⑨仙台育英学園高等学校(A日程)
⑩仙台育英学園高等学校(B日程)
⑪聖ウルスラ学院英智高等学校
⑫宮城学院高等学校
⑬東北生活文化大学高等学校
⑭東北高等学校
⑮常盤木学園高等学校
⑯仙台白百合学園高等学校
⑰尚絅学院高等学校(A日程)
⑱尚絅学院高等学校(B日程)

山形県

①日本大学山形高等学校
②惺山高等学校
③東北文教大学山形城北高等学校
④東海大学山形高等学校
⑤山形学院高等学校

福島県

①日本大学東北高等学校

新潟県

①中越高等学校
②新潟第一高等学校
③東京学館新潟高等学校
④日本文理高等学校
⑤新潟青陵高等学校
⑥帝京長岡高等学校
⑦北越高等学校
⑧新潟明訓高等学校

富山県

①高岡第一高等学校
②富山第一高等学校

石川県

①金沢高等学校
②金沢学院大学附属高等学校
③遊学館高等学校
④星稜高等学校
⑤鵬学園高等学校

山梨県

①駿台甲府高等学校
②山梨学院高等学校(特進)
③山梨学院高等学校(進学)
④山梨英和高等学校

岐阜県

①鶯谷高等学校
②富田高等学校
③岐阜東高等学校
④岐阜聖徳学園高等学校
⑤大垣日本大学高等学校
⑥美濃加茂高等学校
⑦済美高等学校

静岡県

①御殿場西高等学校
②知徳高等学校
③日本大学三島高等学校
④沼津中央高等学校
⑤飛龍高等学校
⑥桐陽高等学校
⑦加藤学園高等学校
⑧加藤学園暁秀高等学校
⑨誠恵高等学校
⑩星陵高等学校
⑪静岡県富士見高等学校
⑫清水国際高等学校
⑬静岡サレジオ高等学校
⑭東海大学付属静岡翔洋高等学校
⑮静岡大成高等学校
⑯静岡英和女学院高等学校
⑰城南静岡高等学校
⑱静岡女子高等学校
⑲常葉大学附属常葉高等学校
常葉大学附属橘高等学校
常葉大学附属菊川高等学校
⑳静岡北高等学校
㉑静岡学園高等学校
㉒焼津高等学校
㉓藤枝明誠高等学校
㉔静清高等学校
㉕磐田東高等学校
㉖浜松学院高等学校
㉗浜松修学舎高等学校
㉘浜松開誠館高等学校
㉙浜松学芸高等学校
㉚浜松聖星高等学校
㉛浜松日体高等学校
㉜聖隷クリストファー高等学校
㉝浜松啓陽高等学校
㉞オイスカ浜松国際高等学校

愛知県

①[国立]愛知教育大学附属高等学校
②愛知高等学校
③名古屋経済大学市邨高等学校
④名古屋経済大学高蔵高等学校
⑤名古屋大谷高等学校
⑥享栄高等学校
⑦椙山女学園高等学校
⑧大同大学大同高等学校
⑨日本福祉大学付属高等学校
⑩中京大学附属中京高等学校
⑪至学館高等学校
⑫東海高等学校
⑬名古屋たちばな高等学校
⑭東邦高等学校
⑮名古屋高等学校
⑯名古屋工業高等学校
⑰名古屋葵大学高等学校
(名古屋女子大学高等学校)
⑱中部大学第一高等学校
⑲桜花学園高等学校
⑳愛知工業大学名電高等学校
㉑愛知みずほ大学瑞穂高等学校
㉒名城大学附属高等学校
㉓修文学院高等学校
㉔愛知啓成高等学校
㉕聖カピタニオ女子高等学校
㉖滝高等学校
㉗中部大学春日丘高等学校
㉘清林館高等学校
㉙愛知黎明高等学校
㉚岡崎城西高等学校
㉛人間環境大学附属岡崎高等学校
㉜桜丘高等学校

㉝光ヶ丘女子高等学校
㉞藤ノ花女子高等学校
㉟栄徳高等学校
㊱同朋高等学校
㊲星城高等学校
㊳安城学園高等学校
㊴愛知産業大学三河高等学校
㊵大成高等学校
㊶豊田大谷高等学校
㊷東海学園高等学校
㊸名古屋国際高等学校
㊹啓明学館高等学校
㊺聖霊高等学校
㊻誠信高等学校
㊼誉高等学校
㊽杜若高等学校
㊾菊華高等学校
㊿豊川高等学校

三重県

①暁高等学校(3年制)
②暁高等学校(6年制)
③海星高等学校
④四日市メリノール学院高等学校
⑤鈴鹿高等学校
⑥高田高等学校
⑦三重高等学校
⑧皇學館高等学校
⑨伊勢学園高等学校
⑩津田学園高等学校

滋賀県

①近江高等学校

大阪府

①上宮高等学校
②大阪高等学校
③興國高等学校
④清風高等学校
⑤早稲田大阪高等学校
（早稲田摂陵高等学校）
⑥大商学園高等学校
⑦浪速高等学校
⑧大阪夕陽丘学園高等学校
⑨大阪成蹊女子高等学校
⑩四天王寺高等学校
⑪梅花高等学校
⑫追手門学院高等学校
⑬大阪学院大学高等学校
⑭大阪学芸高等学校
⑮常翔学園高等学校
⑯大阪桐蔭高等学校
⑰関西大倉高等学校
⑱近畿大学附属高等学校
⑲金光大阪高等学校
⑳星翔高等学校
㉑阪南大学高等学校
㉒箕面自由学園高等学校
㉓桃山学院高等学校
㉔関西大学北陽高等学校

兵庫県

①雲雀丘学園高等学校
②園田学園高等学校
③関西学院高等部
④灘高等学校
⑤神戸龍谷高等学校
⑥神戸第一高等学校
⑦神港学園高等学校
⑧神戸学院大学附属高等学校
⑨神戸弘陵学園高等学校
⑩彩星工科高等学校
⑪神戸野田高等学校
⑫滝川高等学校
⑬須磨学園高等学校
⑭神戸星城高等学校
⑮啓明学院高等学校
⑯神戸国際大学附属高等学校
⑰滝川第二高等学校
⑱三田松聖高等学校
⑲姫路女学院高等学校
⑳東洋大学附属姫路高等学校
㉑日ノ本学園高等学校
㉒市川高等学校
㉓近畿大学附属豊岡高等学校
㉔夙川高等学校
㉕仁川学院高等学校
㉖育英高等学校

奈良県

①西大和学園高等学校

岡山県

①[県立]岡山朝日高等学校
②清心女子高等学校
③就実高等学校
(特別進学コース〈ハイグレード・アドバンス〉)
④就実高等学校
(特別進学チャレンジコース・総合進学コース)
⑤岡山白陵高等学校
⑥山陽学園高等学校
⑦関西高等学校
⑧おかやま山陽高等学校
⑨岡山商科大学附属高等学校
⑩倉敷高等学校
⑪岡山学芸館高等学校(1期1日目)
⑫岡山学芸館高等学校(1期2日目)
⑬倉敷翠松高等学校
⑭岡山理科大学附属高等学校
⑮創志学園高等学校
⑯明誠学院高等学校
⑰岡山龍谷高等学校

広島県

①[国立]広島大学附属高等学校
②[国立]広島大学附属福山高等学校
③修道高等学校
④崇徳高等学校
⑤広島修道大学ひろしま協創高等学校
⑥比治山女子高等学校
⑦呉港高等学校
⑧清水ヶ丘高等学校
⑨盈進高等学校
⑩尾道高等学校
⑪如水館高等学校
⑫広島新庄高等学校
⑬広島文教大学附属高等学校
⑭銀河学院高等学校
⑮安田女子高等学校
⑯山陽高等学校
⑰広島工業大学高等学校
⑱広陵高等学校
⑲近畿大学附属広島高等学校福山校
⑳武田高等学校
㉑広島県瀬戸内高等学校(特別進学)
㉒広島県瀬戸内高等学校(一般)
㉓広島国際学院高等学校
㉔近畿大学附属広島高等学校東広島校
㉕広島桜が丘高等学校

山口県

①高水高等学校
②野田学園高等学校
③宇部フロンティア大学付属香川高等学校
（普通科〈特進・進学コース〉）
④宇部フロンティア大学付属香川高等学校
（生活デザイン・食物調理・保育科）
⑤宇部鴻城高等学校

徳島県

①徳島文理高等学校

香川県

①香川誠陵高等学校
②大手前高松高等学校

愛媛県

①愛光高等学校
②済美高等学校
③FC今治高等学校
④新田高等学校
⑤聖カタリナ学園高等学校

福岡県

①福岡大学附属若葉高等学校
②精華女子高等学校(専願試験)
③精華女子高等学校(前期試験)
④西南学院高等学校
⑤筑紫女学園高等学校
⑥中村学園女子高等学校(専願入試)
⑦中村学園女子高等学校(前期入試)
⑧博多女子高等学校
⑨博多高等学校
⑩東福岡高等学校
⑪福岡大学附属大濠高等学校
⑫自由ケ丘高等学校
⑬常磐高等学校
⑭東筑紫学園高等学校
⑮敬愛高等学校
⑯久留米大学附設高等学校
⑰久留米信愛高等学校
⑱福岡海星女子学院高等学校
⑲誠修高等学校
⑳筑陽学園高等学校(専願入試)
㉑筑陽学園高等学校(前期入試)
㉒真颯館高等学校
㉓筑紫台高等学校
㉔純真高等学校
㉕福岡舞鶴高等学校
㉖折尾愛真高等学校
㉗九州国際大学付属高等学校
㉘祐誠高等学校
㉙西日本短期大学附属高等学校
㉚東海大学付属福岡高等学校
㉛慶成高等学校
㉜高稜高等学校
㉝中村学園三陽高等学校
㉞柳川高等学校
㉟沖学園高等学校
㊱福岡常葉高等学校
㊲九州産業大学付属九州高等学校
㊳近畿大学附属福岡高等学校
㊴大牟田高等学校
㊵久留米学園高等学校
㊶福岡工業大学附属城東高等学校
(専願入試)
㊷福岡工業大学附属城東高等学校
(前期入試)
㊸八女学院高等学校
㊹星琳高等学校
㊺九州産業大学付属九州産業高等学校
㊻福岡雙葉高等学校

佐賀県

①龍谷高等学校
②佐賀学園高等学校
③佐賀女子短期大学付属佐賀女子高等学校
④弘学館高等学校
⑤東明館高等学校
⑥佐賀清和高等学校
⑦早稲田佐賀高等学校

長崎県

①海星高等学校(奨学生試験)
②海星高等学校(一般入試)
③活水高等学校
④純心女子高等学校
⑤長崎南山高等学校
⑥長崎日本大学高等学校(特別入試)
⑦長崎日本大学高等学校(一次入試)
⑧青雲高等学校
⑨向陽高等学校
⑩創成館高等学校
⑪鎮西学院高等学校

熊本県

①真和高等学校
②九州学院高等学校
(奨学生・専願生)
③九州学院高等学校
(一般生)
④ルーテル学院高等学校
(専願入試・奨学入試)
⑤ルーテル学院高等学校
(一般入試)
⑥熊本信愛女学院高等学校
⑦熊本学園大学付属高等学校
(奨学生試験・専願生試験)
⑧熊本学園大学付属高等学校
(一般生試験)
⑨熊本中央高等学校
⑩尚絅高等学校
⑪文徳高等学校
⑫熊本マリスト学園高等学校
⑬慶誠高等学校

大分県

①大分高等学校

宮崎県

①鵬翔高等学校
②宮崎日本大学高等学校
③宮崎学園高等学校
④日向学院高等学校
⑤宮崎第一高等学校
(文理科)
⑥宮崎第一高等学校
(普通科・国際マルチメディア科・電気科)

鹿児島県

①鹿児島高等学校
②鹿児島実業高等学校
③樟南高等学校
④れいめい高等学校
⑤ラ・サール高等学校

新刊
もっと過去問シリーズ

愛知県

愛知高等学校
7年分(数学・英語)

中京大学附属中京高等学校
7年分(数学・英語)

東海高等学校
7年分(数学・英語)

名古屋高等学校
7年分(数学・英語)

愛知工業大学名電高等学校
7年分(数学・英語)

名城大学附属高等学校
7年分(数学・英語)

滝高等学校
7年分(数学・英語)

※もっと過去問シリーズは入学試験の実施教科に関わらず、数学と英語のみの収録となります。

教英出版
〒422-8054
静岡県静岡市駿河区南安倍3丁目12−28
TEL 054-288-2131
FAX 054-288-2133
詳しくは教英出版で検索
教英出版 検索
URL https://kyoei-syuppan.net/

受験番号	

日本大学山形高等学校

令和6年度　入学試験

国語問題

時間割

1	国語	9：00～9：50
2	数学	10：20～11：10
3	社会	11：40～12：30
	昼食	12：30～13：10
4	理科	13：10～14：00
5	英語	14：30～15：20

注意事項

1　「開始」のチャイムが鳴るまで，開かないでください。

2　「開始」のチャイムが鳴ったら，解答用紙に受験番号を書いてください。

3　問題冊子は，1ページから11ページまであります。試験開始と同時にページを確認してください。

4　答えは，すべて解答用紙に書いてください。

5　「終了」のチャイムが鳴ったら，すぐに鉛筆を置き，受験番号が書いてある方を表にして，後ろから自分の解答用紙を上にのせて，前の人に渡してください。

6　問題の内容についての質問には一切応じません。それ以外のことについて尋ねたいことがあれば，手をあげて聞いてください。

7　次のものは使用しないでください。

　下じき，分度器，計算・単語表示機能・送信機能等の付いた腕時計，携帯電話，ボールペン。

一　次の各問いに答えなさい。

問一　次の傍線部の漢字の使い方がすべて正しいものを一つ選び、記号で答えなさい。

ア　学業を治める。　国を収める。　争いを納める。

イ　夜が明ける。　家を空ける。　扉を開ける。

ウ　会社に勤める。　会長を努める。　実現に務める。

エ　解決を図る。　時間を測る。　身長を計る。

問二　次の傍線部を漢字に直したものとして適切なものを一つ選び、記号で答えなさい。

(1)　彼は当番の仕事を忘れないカンシンな生徒である。

ア　関心　　イ　歓心　　ウ　寒心　　エ　感心

(2)　二つの作品はタイショウ的なテーマで描かれている。

ア　対照　　イ　対称　　ウ　対償　　エ　対象

問三　次のことわざの意味として最も適切なものを一つ選び、記号で答えなさい。

○朱に交われば赤くなる

ア　立身出世をして高い地位につこうとすること。

イ　人は交際する相手によりよくも悪くもなること。

ウ　人前でたいへん恥ずかしい思いをすること。

エ　夕陽などに照らされて顔が真っ赤になること。

問四　次のそれぞれの四字熟語の中から表記が正しいものを一つ選び、記号で答えなさい。

ア　異句同音　　イ　意味慎重　　ウ　無我夢中　　エ　絶対絶命

問五　次のカタカナ語と日本語の組み合わせとして間違っているものを一つ選び、記号で答えなさい。

ア　メタファー　＝　逆説

イ　マイノリティー　＝　少数派

ウ　アイロニー　＝　皮肉

エ　ボキャブラリー　＝　語彙

問六　次の傍線部の言葉を敬語表現に変えたものとして最も適切なものを一つ選び、記号で答えなさい。

(1)　私は昨日、校長先生からお手紙をもらった。

ア　さしあげた　　イ　もらわれた

ウ　いただいた　　エ　くださった

(2)　お知らせを見ていない方はいらっしゃいますか。

ア　拝見していない　　イ　ご覧いただいていない

ウ　拝見なさっていない　　エ　ご覧になっていない

問七　『赤光』を刊行した歌人として適切な人物を次から一人選び、記号で答えなさい。

ア　正岡子規　　イ　与謝野晶子　　ウ　俵万智　　エ　斎藤茂吉

問八　次の漢文を書き下し文に直したとき、四番目に読む字を抜き出しなさい。ただし、送りがなと返り点は不要とします。

好《ムモ》レ読《ムヲ》レ書《ヲ》、不レ求《メ》二甚《ダシクハ》解《スルコトヲ》一。

二 次の文章を読み、後の問いに答えなさい。（設問の都合上、表記を変えている箇所があります。）

教育という語は、「教」と「育」から成っている。このことについてはすでに述べたので繰り返さないが、教育を「育」の方から見ることの重要性については、何度言ってもよいと思うほどのものがある。

これにはいろいろな要因が考えられるので、それらについて順次述べてゆくことにする。

まず、現代においては、社会人として一人立ちするまでに吸収すべき知識が非常に多くなってきている。そのうえ、他人よりも少しでも有利な地位や、上の地位につきたいと思うと、学習しなくてはならないことが非常に多い。しかも、親が自分の子どもの幸福について考えるとき、どうしても、自分の子どもが社会的に優位な地位につくことが①それに直結するという考えに傾くので、子どもに知識のつめ込みを強いることになる。【 A 】、子どもは、うっかりすると相当に早くから、このような知識のつめ込みにさらされてゆく。実際、幼稚園の段階から、英語などを「教える」ところが親に大いにもてることは、驚くべきものがある。

このような状態は、端的に言えば、②子どもを育てるうえでの「自然破壊」なのである。子どもが③「自然に育つ」過程に対する干渉が、あまりにも多すぎるのである。子どもの数が少なくなったこと、経済的に豊かになったことが、この傾向に④拍車をかけている。小学生が塾や習い事のために、ほとんど毎日放課後の時間を拘束されていて遊ぶ時間がないとか、一人の中学生に家庭教師が五人もついていたりする状況がある。

個性を尊重するためには、個人のもつ可能性が顕在化してくるのを待たねばならない。【 B 】、できるだけ多くの知識を効果的に吸収させようとすると、それはむしろ個性を破壊することになる。しかも、評価を「客観的」にするという大義名分のために、「正答」がきまっている問題をできるだけ早く解く訓練をすることは、ますます個性を失わせることにつながる危険性をもつ。

これらのことによって、「自然」の成長を歪《ゆが》まされている子どもたちに対して、もう一度根本にかえって、自ら「育つ」ことのよさを体験してもらうことが、現代の教育においては必要となってきているのである。考えてみると、「自然」なのだから、何も工夫はいらないようなのだが、その点について考えたり、工夫したりしなくてはならないところに、現代の教育の難しさがあると言っていいだろう。

教育ということを「研究」するときに、どうしても「科学的」に研究することが望ましいと考えられる。人間が学習を行ってゆく過程や、成長発達してゆく過程は、ある程度客観的に捉えられ、それを研究することができる。これを基にして、効果的な教授法が考え出されたり、発達の段階が設定されたりすることは、子どもを全体として捉え、それにいかに教えるかを考えるうえで、相当に有効である。しかし、これをもってすべてであるとは考えないことが大切だ。

集団として人間を見れば、それがある程度の法則に従って行動しているとしても、個々の人間に注目するとき、それはきわめて多様である。個々の人間の考えや感情にまで注目すると、⑤このことはますます重要になってくる。このことを忘れて、全体的法則――と言っても、きわめて大まかなものだ――を、個々の人間に「適用」しようとすることは、その個性を奪うことになりかねないので、くれぐれも気をつけねばならない。

多くの創造的な人が学校教育に適応できないという事実は、教師がいかに生徒たちを「画一的」に取り扱うのが好きか、ということを示している。このとき、その画一的な方法を「科学的研究」を拠《よ》り所として主張されると、⑥非常に恐ろしい状況になるのである。教育の科学的研究は、もちろん大切であるが、それを実際場面にいかに生かすかについては、慎重に考えねばならない。

　子どもが自ら「育つ」ことを強調するあまり、まったく放任しておけばよいと考えるのも誤りである。このことは、特に家庭教育を考えるときに大切である。子どもが自然に育つことを期待して、自由放任にしている、という場合、多くの親は親としての責任を回避するための弁解として言っていることが多く、子どもたちは、それをすぐに見抜いてしまう。こんなときに、子どもは非行を重ねたり、親に無理難題と思われるような要求をつきつけてきたりする。そして、ある少女が私に言ったように、「こんなにしても、怒ってもくれない」という嘆きは深くなり、ますます問題行動がエスカレートする。

　このようなときでも、親は「子どもの自由」を尊重しているかのようなふりをして、責任回避を続けるので、破局的なことになってしまう。子どもが自然に育つと言っても、その傍《そば》にそれをちゃんと見守っている大人が必要なのである。子どもが育つのを本当に「見守る」ということは、何やかやと「教える」（結局は干渉していることなのだが）よりも、よほどエネルギーのいるものなのである。

　育つことの重要性を指摘したが、考えてみると、教育における「教える」と「育つ」ということは子どもがまったく自分で「育つ」のならば、「教える」必要はないとも言えるわけで、このような矛盾を内包しているところに、教育の特徴があると言うこともできる。つまり、「育つ」ことが大切と言いつつ、やはり「教える」必要性を認めているわけであるし、「教える」ことが大切と言うときも、教えることが可能になるように「育っ」てきていることの必要性を認めねばならないのである。この関係をよくわきまえていないと、教育論が一面的なものになってしまうのだ。ただ、「教育」というと教えることに重点がおかれがちなので、ここに育つことの意義を強調したのである。

（河合隼雄『子どもと学校』岩波新書による）

問一　空欄【　A　】・【　B　】に当てはまる接続詞を次から一つずつ選び、記号で答えなさい。

ア　つまり　　イ　さて　　ウ　ところが　　エ　たとえば

問二　傍線部①「それ」が指し示すものを二字の熟語で答えなさい。

問三　傍線部②「子どもを育てるうえでの『自然破壊』」とあるが、筆者は具体的に何が壊されると考えていますか。二字の熟語で答えなさい。

問四　傍線部③について、「自然に育つ」ためには、(1)「何」を、(2)「どのように」しなければならないと筆者は考えていますか。次の文の空欄に当てはまる言葉を本文から(1)は五字、(2)は十九字で抜き出して答えなさい。

○〔　(1)　〕を〔　(2)　〕ようにしなければならない。

問五　傍線部④について、「拍車をかける」の意味として最も適切なものを一つ選び、記号で答えなさい。

ア　複数のものが同時に動き出す。

イ　物事の進行をいっそうはやめる。

ウ　さまざまな現象を作り上げる。

エ　多くの疑問を投げかけている。

問六　傍線部⑤「このこと」が指示する説明として最も適切なものを一つ選び、記号で答えなさい。

ア　現代における教育の難しさは、「自然に育つ」ことへの工夫すべき点を考え、実行していくことである。それを解決できる糸口が、教育を「科学的」に研究を行い実践していくことである。

イ　科学的な研究をもとに、教授法や発達段階の設定がされたりすることは、子どもを全体として捉え、どう教えるかを考えるうえで有効だが、それが十全だと過信しないことが大切である。

ウ　教育の研究として科学的に見ていく場合、成長過程や学習過程の設定がされる。子どもを全体として捉えることで、画一化しやすくなり教育のしやすさが現場でもてはやされている。

エ　人間を集団として見ると、規則性・法則性のもとに行動していることが普遍的である。これは教育がもたらす功罪であり、結果的に子どもたちの自然な成長を妨げてしまっている。

問七　傍線部⑥「非常に恐ろしい状況」とはどういう状況か。解答欄に合うように五字で抜き出して答えなさい。

問八　筆者の見解として間違っているものを次から一つ選び、記号で答えなさい。

ア　子どもには「育つ」・「教える」双方の視点が必要だが、「教育」というと教えることが重視されるため、育つことの意義も強調したい。

イ　親が「子どもの自由」を尊重するためには、「自然に育つのを待つ」のではなく科学的研究を積極的に生かさなければならない。

ウ　一人ひとりの人間は多様な存在であるため、全体的な法則を個々の人間に「適用」しようとするとその人の個性を奪いかねない。

エ　知識の詰め込みや「正答」の決まっている問題をできるだけ早く解く訓練は、子どもの個性を破壊することにつながる。

三 次の文章を読み、後の問いに答えなさい。（設問の都合上、表記を変えている箇所があります。）

> 三十歳を過ぎても一つ屋根の下に同居する間宮明信・徹信兄弟。ともに恋人がいたことはないが、多趣味で兄弟仲は良好なため、日々の暮らしには退屈していない。あるとき、兄弟行きつけのレンタルビデオ店の店員・本間直美らを家に招き花火大会を観、カレーパーティーを実行する。そのうち明信は直美に恋をし、徹信は直美の妹夕美と仲良くなる。

間宮順子は十月生まれだ。「四季の歌」によれば、秋を愛する人は心深き人、である。順子はその歌が好きだ。

誕生日には、息子たちが毎年食事に連れて行ってくれる。奮発して、鮨《すし》屋だとか洋食屋だとかに。それは長男が就職した年に始まった習慣で、順子が静岡に来てからも続き、忘れられたり延期されたりしたことはない。すくなくとも、去年までは。

ここ数年は、誕生日の半月ほど前に必ず息子たちから電話がかかった。何を食べたいか、どこに行きたいか、訊《き》くために。順子は、なんでもいいとこたえる。なんでもいいけど、じゃあちょっと考えてみるわ、と。東京を離れたとはいえ、順子は東京の情報にくわしい。婦人雑誌をたくさん読んでいるし、インターネットで検索すれば、シェフのお薦めや、季節ごとの特別メニューまでわかる。

誕生日はあさってなのに、今年は息子たちからまだ電話がかからない。何かあったのではないかと気が揉《も》めたので、先週、順子の方から電話をかけた。すると二人とも家にいて、元気だと言った。特別変わったことはない、と。

誕生日のことは口にだせなかった。こういうところがあたしは気が弱いのだ、と、順子は思う。あたしにはどこか【 A 】ところがあるもんだから、自分の誕生日について問質《といただ》したり仄《ほの》めかしたりするような、厚かましい真似はとてもできない。

行きたいと思っている店の切り抜きを眺めⅠながら、順子は①ため息をつく。

気晴らしに、お人形さんのついた車で近所を一廻《まわ》りしてこようか。

かなしい。

改札口からぞろぞろでてくる人波を見ながら、本間直美はため息をついた。あんなふうに言わないでくれればよかったのに。

【 B 】で、直立して、「二人で」と、間宮明信は言った。「駄目ですか」と。あまりにも真剣な表情だったので、断るよりなかった。断らなくちゃいけないと思えた。

これでもう、兄弟の家に遊びに行かれなくなってしまった。楽しかったのに。店で会うことも、気まずくて恐い。カウンターごしに、直美「オススメ」のビデオや、直美の知らない、明信がよかったと言うビデオについて、短い言葉をかわすことももうないかもしれない。

もちろん――。

バイト代で買ったばかりの、アニヤ・ハインドマーチの手提《さ》げを両手で持って立ち、切符の自動販売機を見つめながら直美は考える。

もちろん自分には浩太がいる。きょうは二週間ぶりのデートだし、二人でお台場に行くことになっている。直美はお台場が好きだ。電車から海や東京タワーや倉庫街が見えるのも嬉しいし、インテリアショップやスーパーマーケットを浩太とのぞくのは楽しい。たぶんどこかで食事をして、まっすぐな砂浜を歩くだろう。海には屋形船が浮かんでいる。赤い提灯《ちょうちん》が光って、宮崎駿《はやお》のアニメーション映画にでてきた昆虫の怪物みたいにそれは見える。浩太はキスをしてくれるかもしれない。まわりにひと気がなければ。

それは直美の好きなことだ。想像を止め、歩道橋みたいな構造の駅のⅡ雑踏に目を戻す。好きなことなのに、浮き浮きしていないのはなぜだろう。間宮明信にあんなことを言われて以来、かなしい気持ちなのはどういうわけだろう。新しい手提げを持って、ボーイフレンドを待っているところだというのに。

青い空だ。

日曜日だが、徹信は小学校に来ている。体育倉庫の整理がある、と明信に言ったのは嘘ではなかった。毎年、運動会の前後にやっていることだ。玉入れの玉やカゴ、リレーのバトン、綱引きの綱や百足《むかで》競走の下駄といった道具の点検および修繕。運動会は、徹信の子供のころに比べて大きく変わった行事の一つだ。徒競走の順位を決めないこと、低学年の転がす大玉が、紙の張《はり》子《こ》ではなくやわらかいゴムでできていること、子供たちよりも、見に来る家族たちの方がはりきっていて、いたるところでハンディビデオや携帯電話が活躍していること。

それでも徹信は、運動会を遠まきに見ていることが好きだ。運動が苦手そうな子供や、興奮して落着《おちつ》きを失っている子供、ダンスや仮装の衣装が上手く着られない子供、行進の足なみが、どういうわけか決して揃《そろ》えられない子供。そういう子供たちを見ると、徹信は心の中で声援を送らずにいられない。

かまわないんだぞ。それで全然かまわないんだから、行け！

そして、かすかに胸が疼《うず》くのを感じる。秋の空気や空の色や、貴賓《きひん》席のテントや臨時の保健室や、音楽や声援や匂いや色のすべてが、辛かった記憶を呼びさますからだ。徒競走のスタートの合図の、ピストルの音が嫌いだった。他の子供たちがみんな、徹信よりは自分の方がましだと思っていることを、隠しもしないことが悔しかった。母親のつくる弁当が豪華すぎて大きすぎて恥ずかしく、ふたで隠しながら食べた。兄弟揃ってどの競技も惨澹《さんたん》たる成績だったが、両親は笑いながら誉めたり労《ねぎら》ったりしてくれた。

あのころは運動会が嫌いだった。ひんやりとして埃《ほこり》くさい体育倉庫の中で、徹信は考える。自分が学校職員になり、②それを微笑《ほほえ》ましげに見守る日が来るとは思ってもみなかった。

「来たよー」

声がして、戸口に夕美形《がた》の人影が立った。

「入っていいですかー」

返事をする前に入ってきた。

今年の運動会はもう無事に終わったのだし、倉庫の整理など、わざわざ日曜日にやらなくてもいいのだった。「手伝わないけど見たい」と言った本間夕美に、「日曜ならいいよ」と、徹信はこたえていたのだった。

「ひゃあー。なつかしー」

種々雑多な道具や看板のうち、何を見てだか夕美は言った。ついこのあいだまで小学生だったくせに、と、徹信は思う。

「きょうはボーイフレンドは？」

夕美にまとわりつかれている、と明信には言ったが、正確に言えば夕美とそのボーイフレンドが、ここ一月に二度、ふいうちで学校に遊びに来たにすぎない。

「中で寛《くつろ》いでる」

両手を腰にあて、散らかってる、と言わんばかりのポーズで立って、夕美はこたえた。

「中って？」

「校務員室」

万事、この調子なのだった。

「わかった。携帯に電話をかけて、すぐここに呼ぶ」
徹信が不安気な顔をしたのを見て、夕美は言い、言うが早いか携帯電話をとりだす。
「でも平気だよ。何か盗《と》ったりとかは絶対しないから。あいつはそういうことは絶対しないの」
小さな機械を耳におしあてながら言う。
「あそこ、ガラクタが一杯あって気に入ったみたい。ほら、男の子ってガラクタが好きじゃん？」
ボーイフレンドを庇《かば》い、かつ徹信を安心させようとしているのだとわかった。
「いいよ」
徹信は言った。
「校務員室にいたいなら、いてべつにかまわない」
ぱたんと音をたてて夕美が電話を閉じたので、
「ただ、部屋からでないように伝えて」
とつけ足した徹信の言葉は、宙に浮いてしまった。

はじめて二人が学校に現れた日、徹信は腰が抜けるほど驚いた。腰が抜けるほど驚き、口調が変になるほど嬉しかった。ボイラー室に業者が入り、一日じゅう忙しかった日のことだ。夕方で、夕美もボーイフレンドも制服姿だった。小学校の備品の、緑色の来客用スリッパをはいていた。
「間宮さん、お客さんですよ」
校務員室のドアをノックして言い、彼らをうしろに従えていたのは、徹信がひそかに「万年青年」とあだ名している教員だった。放課後、子供たちによくバスケットを教えている。
「来ちゃったー」
徹信を見るなり夕美は言った。背後にいたボーイフレンドは、ガムをかみながら会釈ともいえない会釈をした。
「夕美ちゃん！」
つい大きな声がでた。うろたえている徹信を見て、「万年青年」はにやにやしていた。
徹信はお茶をいれた。学校の備品の薄い緑茶ではなくて、商店街で自分用に買ってくる、香りのいいほうじ茶の方だ。
「おもしろーい。これ、何？」
夕美が指さしたのは、机に乱雑にひろげた書類だった。
「それは水道使用量の記録」
徹信は説明した。
「検針して数字を書き込んで、あとでグラフにするんだ」
「すごーい。この箱は掃除道具だらけ。掃除も徹信さんの仕事？」
工具箱、電池のストック、ホース、ハンガーにかけて吊《つ》るしてある作業着とブレザー、かびたまま放置されているもらいものの菓子、持ち主不明の忘れ物およびフンシツ物のつまったダンボール箱。夕美とボーイフレンドはそれらを順繰りに見て、感想を述べたり徹信に説明を求めたりした。
徹信は動揺していた。日のあたらない、静かな、安全な部屋。ここには明信さえ来たことがない。
「小学校が職場だなんて、おもしろーい」
花火の夜、本間姉妹はたしかにそう言ったし、学校職員ってどういう仕事なんですか、とか、どうやってなったんですか、とか質問をした。
「よかったら今度遊びにくるといいよ。おもしろいよ」
徹信はそう言ったが、その種の会話は普通その場だけのことだ。

「ほんとに来るとは思わなかったな」
そう言ったとき、徹信はコンワクよりずっと強く嬉しさを感じていた。
「なんか、こういう仕事、いいですね」
滅多《めった》に喋《しゃべ》らない夕美のボーイフレンドが、部屋を見まわしてしみじみそう呟《つぶや》くに至っては、その嬉しさが倍増した。
「まあ、ゆっくりしてってよ」
徹信はそう言ったのだった。

（江國香織『間宮兄弟』による）

問一　二重傍線部Ⅰ～Ⅳのカタカナは漢字に直し、漢字はその読みをひらがなで答えなさい。

問二　空欄【　A　】・【　B　】に当てはまる語句をそれぞれ後の選択肢から一つずつ選び、記号で答えなさい。
A　ア　図々《ずうずう》しい　イ　奥床《おくゆか》しい　ウ　おこがましい
　　エ　いじましい
B　ア　素知《そ》らぬ顔　イ　何食わぬ顔　ウ　切羽《せっぱ》詰まった顔
　　エ　青ざめた顔

問三　波線部「赤い提灯が～なければ。」の部分に用いられている修辞法の組み合わせとして最も適切なものを一つ選び、記号で答えなさい。
ア　直喩と倒置法　イ　直喩と擬人法
ウ　隠喩と倒置法　エ　隠喩と擬人法

問四　傍線部①「ため息」にこめられた順子の思いとして、最も適切なものを次の中から一つ選び、記号で答えなさい。
ア　失望　イ　面倒　ウ　感動　エ　動揺

問五　傍線部②「それ」が具体的に指し示している内容を本文中から七十五字程度で抜き出し、最初と最後の五字を答えなさい。

問六　傍線部③「嬉しさ」とあるが、徹信はなぜ「嬉しさ」を感じているのですか。理由として最も適切なものを次の中から一つ選び、記号で答えなさい。
ア　徹信はこれまで恋人ができたことがなかったが、夕美が自分に好意を抱いていることが明確に分かったから。
イ　徹信は子どものころ運動会が嫌いだったが、学校職員として行事の運営ができることに誇りを持っているから。
ウ　徹信は夕美たちが自分の仕事に好意的であることで、自分自身を肯定してくれているように感じたから。
エ　徹信は夕美たちが職場へ遊びに来ることを楽しんでおり、兄の明信に差をつけ優越感を抱いているから。

問七　本文中の登場人物の説明として間違っているものを次から一つ選び、記号で答えなさい。
ア　夕美は明るく天真爛漫な振る舞いをしながらも、ちょっとした表情を見逃さず相手に寄り添い気遣って行動できる。
イ　彼氏がいる直美は明信を恋愛対象として見ておらず、申し出を断った今、明信の家に遊びに行けなくなったことが悲しい。
ウ　徹信は子どものころ運動会で劣等感を抱いたが、今も運動会を見ていると辛い記憶が呼び起こされ、なんとなく胸がうずく。
エ　順子は自分の性格をうとましく思う一方で、三十歳を過ぎても家庭を持つ気配すらない息子たちにもあきれ果てている。

四

次の古文を読み、後の問いに答えなさい。（設問の都合上、表記を変えている箇所があります。）

今は昔、きこりの、※1山守《やまもり》に※2斧《よき》を取られて、①わびし、心うしと思ひて、(1)つらづゑつきて(2)をりける。山守見て、「②さるべきことを申せ。※3取らせん」といひければ、

※4あしきだになきはわりなき世間《よのなか》に【　　】を取られてわれいかにせん

とAよみたりければ、山守、③返しせんと思ひて、「うううう」とうめきけれど、※5えせざりけり。さて、斧Bかへし取らせてければ、うれしと思ひけりとぞ。

人は唯《ただ》、歌を構へてよむべしと見えたり。

※1　山守…山を守る者。山の番人。
※2　斧…おの。
※3　取らせん…この斧を返してやろう
※4　あしきだになきはわりなき世間に
　　…悪者でさえ無いのはつらいと思われるこの世の中で
※5　えせざりけり…できなかった

問一　波線部(1)「つらづゑ」・(2)「をりける」を現代かなづかいに直しなさい。

問二　傍線部①「わびし、心うし」の意味として間違っているものを次から一つ選び、記号で答えなさい。
ア　困ったことだ　イ　恐ろしいことだ
ウ　つらいことだ　エ　情けないことだ

問三　傍線部②「さるべきこと」の内容として最も適切なものを次から一つ選び、記号で答えなさい。
ア　お前が斧を大切にしている理由
イ　ここで行っていた仕事の面白さ
ウ　私に対して働いた無礼への謝罪
エ　この場にふさわしいうまいこと

問四　空欄【　】には和歌の初句にある「あしき」に対応する、また掛詞となっている語が入る。ひらがな二字で答えなさい。

問五　二重傍線部A「よみたりけれ」・B「かへし取らせ」の主語としてふさわしいものを次からそれぞれ一つずつ選び、記号で答えなさい。
ア　きこり　イ　山守　ウ　山の神　エ　作者

問六　傍線部③「返しせん」の意味として最も適切なものを次から一つ選び、記号で答えなさい。
ア　斧を返すのはやめよう　イ　斧を返してあげよう
ウ　きこりに返歌をしよう　エ　山守に返事を送ろう

問七　この物語の主題として最も適切なものを次から一つ選び、記号で答えなさい。
ア　すばらしい和歌をよめば、予想以上の結果を引き起こすことができる。
イ　低い身分の人であっても、まじめに働いていれば、必ずご利益がある。
ウ　人はつねづね心にかけて歌が詠めるようになっていなくてはならない。
エ　他人をむやみに苦しめていると、誰でもその報いを受けてしまうだろう。

問八　問題文は鎌倉時代に著された説話集からのものである。作品名を次から一つ選び、記号で答えなさい。

ア　源氏物語　　イ　宇治拾遺物語　　ウ　南総里見八犬伝

エ　風土記

このページは余白です。

受験番号	

日本大学山形高等学校

令和６年度　入学試験

数学問題

時間割

1　国語　9：00～9：50
2　数学　10：20～11：10
3　社会　11：40～12：30
　昼　食　12：30～13：10
4　理科　13：10～14：00
5　英語　14：30～15：20

注意事項

1　「開始」のチャイムが鳴るまで，開かないでください。

2　「開始」のチャイムが鳴ったら，解答用紙に受験番号を書いてください。

3　問題冊子は，１ページから７ページまであります。試験開始と同時にページを確認してください。

4　答えは，すべて解答用紙に書いてください。

5　「終了」のチャイムが鳴ったら，すぐに鉛筆を置き，受験番号が書いてある方を表にして，後ろから自分の解答用紙を上にのせて，前の人に渡してください。

6　問題の内容についての質問には一切応じません。それ以外のことについて尋ねたいことがあれば，手をあげて聞いてください。

7　次のものは使用しないでください。
　下じき，分度器，計算・単語表示機能・送信機能等の付いた腕時計，携帯電話，ボールペン。ただし，三角・直定規，コンパスは使用してかまいません。

1 次の計算をしなさい。

(1) $(3-5)\times 7+10$

(2) $\dfrac{16}{11}\div\left(1-\dfrac{9}{11}\right)$

(3) $\sqrt{8}-\dfrac{3}{\sqrt{2}}$

(4) $\dfrac{8x-10y}{5}+\dfrac{4x-7y}{2}$

2 次の問いに答えなさい。

(1) $a=5$ のとき，$3(3a-4)-6a$ の値を求めなさい。

(2) 方程式 $3x+4=6x-1$ を解きなさい。

(3) 連立方程式 $\begin{cases} 2x+3y=-11 \\ 0.3x-0.1y=1.1 \end{cases}$ を解きなさい。

(4) y は x に反比例し，$x=8$ のとき $y=18$ である。$x=9$ のときの y の値を求めなさい。

(5)　$(x+y-4)(x-y-4)$を展開しなさい。

(6)　下の図で，$\angle x$の大きさを求めなさい。

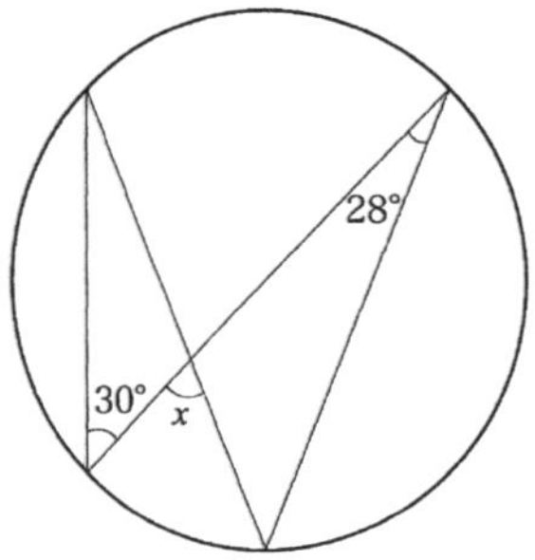

(7)　サイコロを1回投げるとき，出る目が素数となる確率を求めなさい。

3 図１の四角形ABCDは ∠DAB＝∠CDA＝90°，AD＝８cmの台形である。点Pは毎秒２cmの速さで，点Aを出発し，点B，点Cを通って点Dまで動く点である。点Pが点Aを出発して x 秒後の△APDの面積を y cm^{2}とするとき，x と y の関係は図２のようなグラフで表される。次の問いに答えなさい。

図１

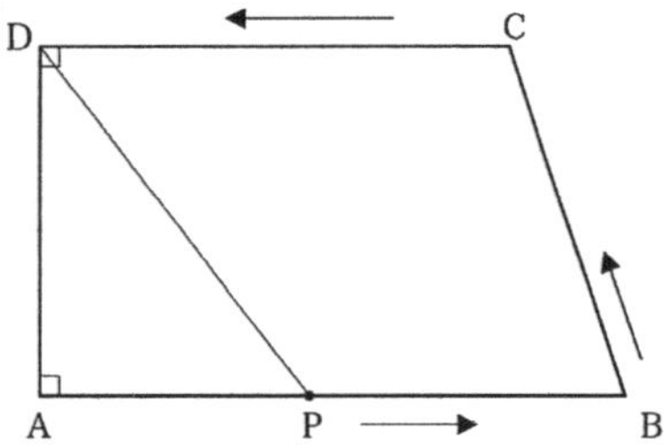

図２

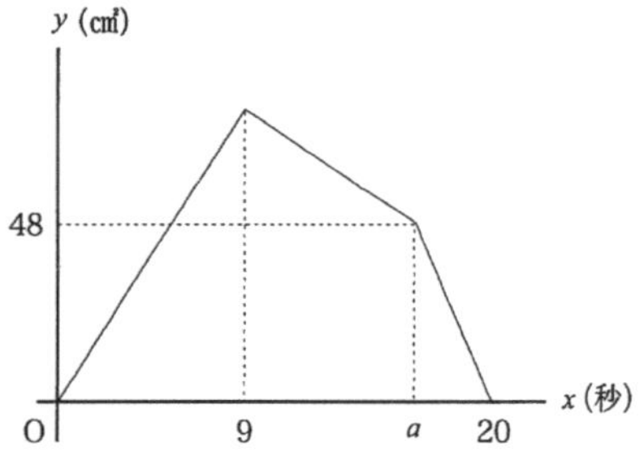

(1) 辺ABの長さを求めなさい。

(2) 辺BCの長さを求めなさい。

(3) 図２の a の値を求めなさい。

(4) 点Pが辺BC上にあるとき，y を x の式で表しなさい。

4　次の図において，①は関数 $y=ax^2$ のグラフ，②は関数 $y=x+4$ のグラフである。①と②は２点A，Bで交わっていて，点Aの x 座標は２である。このとき，次の問いに答えなさい。

(1)　a の値を求めなさい。

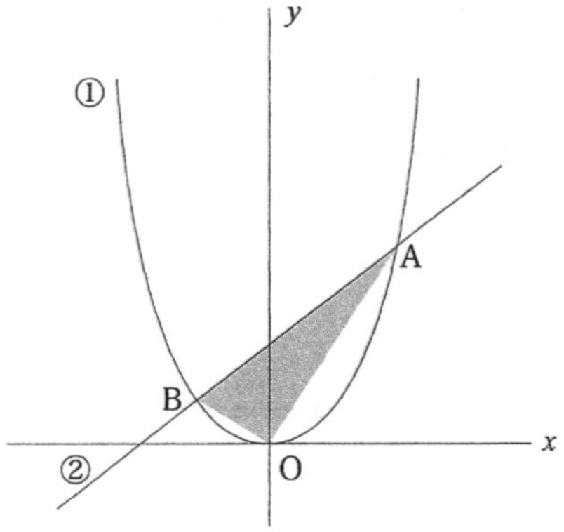

(2)　点Bの座標を求めなさい。

(3)　３点O，A，Bを頂点とする△OABの面積を求めなさい。

5　次の図は，AB＝２，BC＝5の平行四辺形ABCDにおいて，辺CDの延長線上にCD：DE＝２：１となるような点E，BEと対角線ACと辺ADの交点をそれぞれG，Fとし，AB//GHとなるような点Hを辺BC上にとったものである。このとき，次の問いに答えなさい。

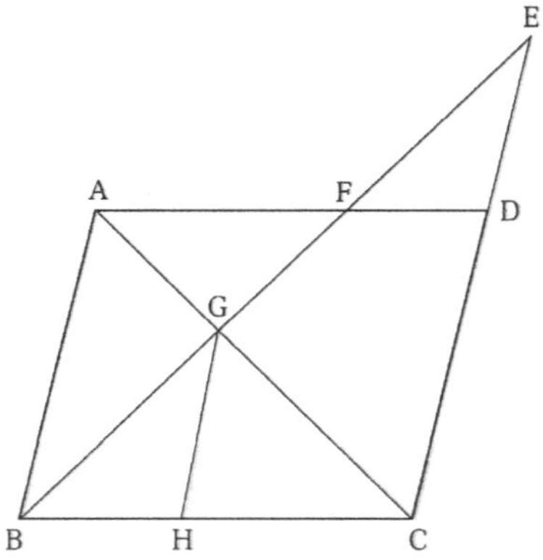

(1)　FDの長さを求めなさい。

(2)　BG：GFを求めなさい。

(3)　GHの長さを求めなさい。

6　下の会話文は数学の宿題についての太郎君と花子さんのものです。次の[(1)]〜[(4)]に適するものを答えなさい。ただし，[(2)]は分数の差の式で答えなさい。

数学の宿題

$$\frac{1}{1\times2}+\frac{1}{2\times3}+\frac{1}{3\times4}+\cdots+\frac{1}{9\times10}+\frac{1}{10\times11}\quad\cdots\cdots①$$ を計算しなさい。

1番目　2番目　3番目　9番目　10番目

ヒント　$\frac{1}{1\times2}=\frac{1}{1}-\frac{1}{2}$

（太郎）①の式は省略されている部分があるから具体的に書いてみると７番目の分数は[(1)]になるね。

（花子）これらを全部通分して計算するのは大変ね。何か良い方法あると思うんだけど……。

（太郎）先生からのヒントをうまく使えないかな？

（花子）$\frac{1}{1\times2}=\frac{1}{1}-\frac{1}{2}$ は確かに成り立つけど $\frac{1}{2\times3}$ はどうなるのかしら？

（太郎）単純に $\frac{1}{2}-\frac{1}{3}$ になるんじゃないかな？

（花子）確かめてみましょう。$\frac{1}{2\times3}=\frac{1}{6}$ で $\frac{1}{2}-\frac{1}{3}=\frac{3}{6}-\frac{2}{6}=\frac{1}{6}$ だから成り立つわね。

（太郎）３番目の式もヒントを使うと $\frac{1}{3\times4}=$ [(2)]のような分数の引き算の形に変形できるね。

あっ。全部の分数で成り立つよ。

（花子）これをどう使うのかな？

（太郎）全部は大変だから２つの場合を考えて，$\frac{1}{1\times2}+\frac{1}{2\times3}=\frac{1}{2}+\frac{1}{6}=\frac{2}{3}$ でヒントを使うと，

$$\frac{1}{1\times2}+\frac{1}{2\times3}=\left(\frac{1}{1}-\frac{1}{2}\right)+\left(\frac{1}{2}-\frac{1}{3}\right)=1-\frac{1}{2}+\frac{1}{2}-\frac{1}{3}=1-\frac{1}{3}=\frac{2}{3}$$ となるよ。

（花子）分かったわ！ヒントを使うと①の式は１－[(3)]になるよ。

（太郎）なるほど。途中の計算で隣り合う負の数と正の数を計算すると０になるのがポイントだね。

（花子）ということで，答えは１－[(3)]＝[(4)]だね。

受験番号	

日本大学山形高等学校

令和6年度　入学試験

社会問題

時間割

1	国語	9：00～9：50
2	数学	10：20～11：10
3	**社会**	**11：40～12：30**
	昼食	12：30～13：10
4	理科	13：10～14：00
5	英語	14：30～15：20

注意事項

1　「開始」のチャイムが鳴るまで，開かないでください。

2　「開始」のチャイムが鳴ったら，解答用紙に受験番号を書いてください。

3　問題冊子は，1ページから11ページまであります。試験開始と同時にページを確認してください。

4　答えは，すべて解答用紙に書いてください。

5　「終了」のチャイムが鳴ったら，すぐに鉛筆を置き，受験番号が書いてある方を表にして，後ろから自分の解答用紙を上にのせて，前の人に渡してください。

6　問題の内容についての質問には一切応じません。それ以外のことについて尋ねたいことがあれば，手をあげて聞いてください。

7　次のものは使用しないでください。

　下じき，分度器，計算・単語表示機能・送信機能等の付いた腕時計，携帯電話，ボールペン。

1　**A国～D国**について書かれたカードを見て，以下の問いに答えなさい。

A国

首都：ヤムスクロ
人口：2,748万人
面積：32.2万km²
公用語：フランス語

主な世界遺産：
コモエ国立公園

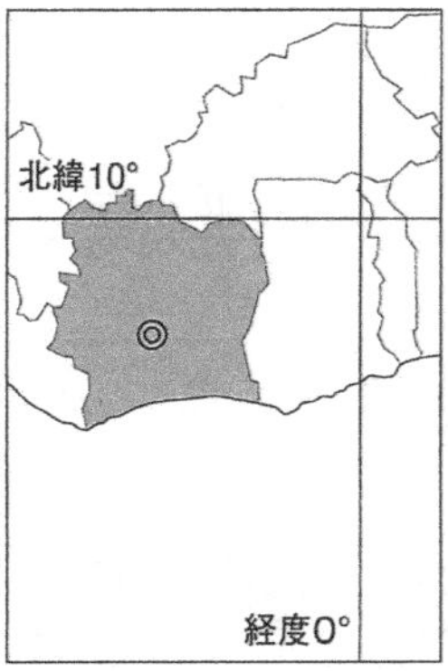

B国

首都：アスンシオン
人口：670万人
面積：40.7万km²
公用語：スペイン語
　　　　グアラニー語
主な世界遺産：
イエズス会伝道所群

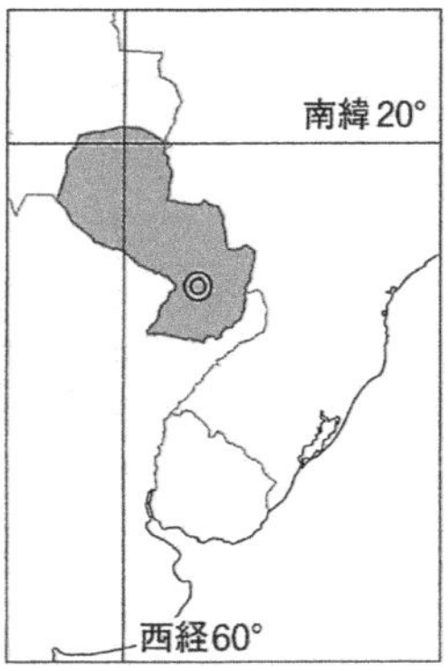

C国

首都：クアラルンプール
人口：3,357万人
面積：33.1万km²
公用語：マレー語

主な世界遺産：
キナバル自然公園

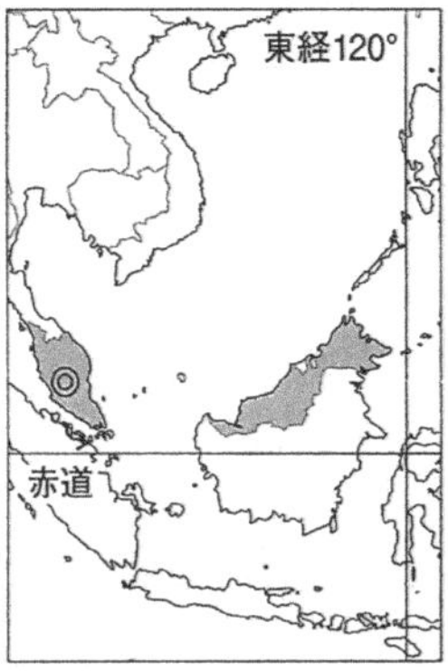

D国

首都：ベルリン
人口：8,341万人
面積：35.8万km²
公用語：ドイツ語

主な世界遺産：
ケルン大聖堂

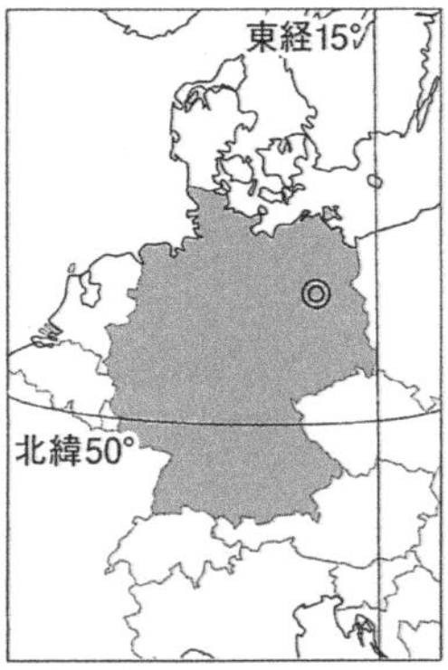

※各カードの地図中◎は，首都の位置を示している。
※各カードの地図の縮尺は，同じではない。

問１　**A国**の首都ヤムスクロが１月27日 2:00の時，**B国**の首都アスンシオンの日時を求めなさい。ただし，両国の標準時子午線は，地図中に描かれている経線とし，またサマータイムはないものとする。

問２　下図**ア～エ**の雨温図は，**A国～D国**の首都であるヤムスクロ，アスンシオン，クアラルンプール，ベルリンのいずれかを示している。アスンシオンの雨温図として正しいものを，下図**ア～エ**から一つ選び，記号で答えなさい。

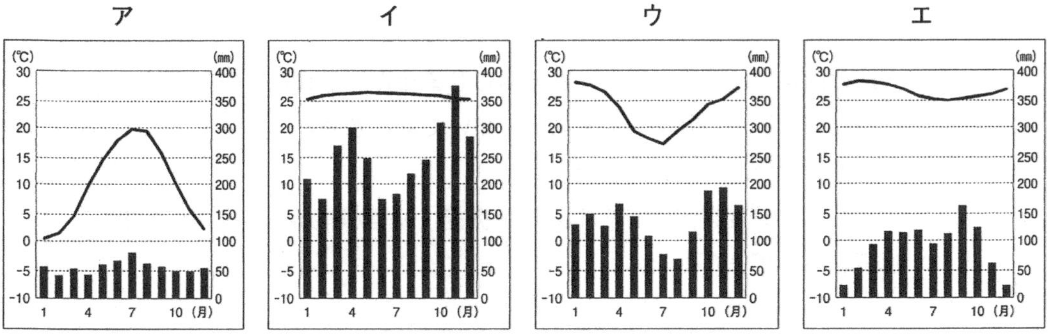

「Climate-data.org」をもとに作成

問３　**Ａ国～Ｄ国**の中で人口密度が最も高い国を，次の**ア～エ**から一つ選び，記号で答えなさい。

ア　**Ａ国**　　**イ**　**Ｂ国**　　**ウ**　**Ｃ国**　　**エ**　**Ｄ国**

問４　地域の安定をめざすため1967年に結成され，現在では**Ｃ国**を含む10か国が加盟している組織名として正しいものを，次の**ア～エ**から一つ選び，記号で答えなさい。

ア　ASEAN　　**イ**　OPEC　　**ウ**　UNESCO　　**エ**　TPP

問５　**Ｄ国**やその周辺の国では，河川や運河を利用した水上交通が発達している。その理由を述べた文として最も適切なものを，次の**ア～エ**から一つ選び，記号で答えなさい。

ア　国全体が新期造山帯に位置しており，標高の高い所から流れてくるため河川の流れが速い。そのため，大型船が速い速度で運航できるから。

イ　平原やなだらかな丘陵が広がっているため，河川は流れがゆるやかで水運に適しており，また，河川どうしも運河で結ばれているため。

ウ　国土面積が狭い**Ｄ国**では，昔から住宅不足を解消するために船舶を住居として利用しており，その影響により船舶の数が多くなっているから。

エ　この地域は工業が発達しており，特に半導体の生産が盛んである。半導体の部品は各国が分担して製造し，それらを船で**Ｄ国**に輸送し，組み立てるため。

問６　下表は，**Ａ国～Ｄ国**における主な輸出品と，その輸出額に占める割合（％）を示している。表から読み取れることや考えられること，またその産業に関わる背景について述べた文として**適切でないもの**を，次の**ア～エ**から一つ選び，記号で答えなさい。

Ａ国		Ｂ国		Ｃ国		Ｄ国	
カカオ豆	28.1	大豆	28.2	機械類	42.7	機械類	27.8
金（非貨幣用）	8.5	電力	15.3	石油製品	6.9	自動車	14.5
石油製品	8.5	牛肉	14.8	衣類	4.9	医薬品	7.4
野菜と果実	8.1	穀物	7.4	パーム油	4.7	精密機械	4.3
天然ゴム	7.1	大豆油かす	7.2	精密機械	3.8	金属製品	3.2
127億ドル		85億ドル		2342億ドル		13804億ドル	

「2023データブック・オブ・ザ・ワールド」をもとに作成

ア　**Ａ国**では，プランテーションと呼ばれる大規模な農園で，カカオ豆の栽培が行われている。

イ　**Ｂ国**では，森林を切りひらいて作られた土地で，大豆の栽培や肉牛の飼育が行われている。

ウ　**Ｃ国**では，工業化を進めるために工業団地の整備を行い，機械工業を発達させてきた。

エ　**Ｄ国**では，国内にある豊富な石油や天然ガスを利用して，様々な工業を発展させてきた。

問７　1900年代の初め頃から，仕事を求めて**Ｂ国**やその周辺の国々に移住する日本人がいた。彼らは農業を中心として働いていたが，現在，その子孫は，農業だけではなく政治や経済など，さまざまな分野で活躍をしている。このように，日本から海外に永住目的で移住した人，及びその子孫を何というか，**漢字３字**で答えなさい。

2　以下の問いに答えなさい。

図1

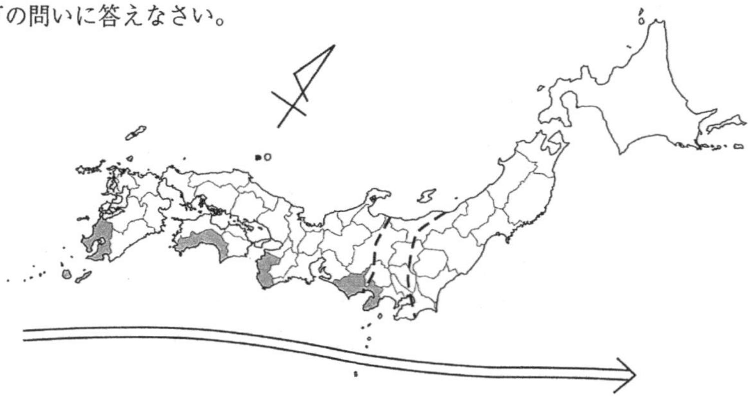

問１　**図１**中の **====** に見られる，凹地（地溝）帯は何というか。**カタカナ**で答えなさい。

問２　下の文は，**図１**中の⇒で示された海流を説明したものである。文中の（　X　）～（　Z　）に当てはまる語句の組み合わせとして正しいものを，次の**ア～ク**から一つ選び，記号で答えなさい。

日本列島の（　X　）側を（　Y　）している，日本海流と呼ばれる（　Z　）である。

	ア	イ	ウ	エ	オ	カ	キ	ク
X	日本海	日本海	日本海	日本海	太平洋	太平洋	太平洋	太平洋
Y	北　上	北　上	南　下	南　下	北　上	北　上	南　下	南　下
Z	暖　流	寒　流	暖　流	寒　流	暖　流	寒　流	暖　流	寒　流

問３　**表１**中**ア～エ**は，**図１**の ▒▒▒ で示された静岡，和歌山，高知，鹿児島の各県における，主な農産物の生産量を示している。和歌山県に当てはまるものとして正しいものを，表中**ア～エ**から一つ選び，記号で答えなさい。

表１

	米（百ｔ）	ピーマン（ｔ）	茶（ｔ）	みかん（百ｔ）	豚（百頭）
ア	289	1190	43	1671	13
イ	489	13000	753	65	260
ウ	741	3	112600	1198	918
エ	884	11800	118400	101	12340

「令和４年作物統計調査（農林水産省）」などをもとに作成

問４　**表２**中**ア～エ**は，**図１**の ▒▒▒ で示された静岡，和歌山，高知，鹿児島の各県における，製造品出荷額と主な製造品の出荷額割合（%）を示している。静岡県に当てはまるものとして正しいものを，表中**ア～エ**から一つ選び，記号で答えなさい。

表２

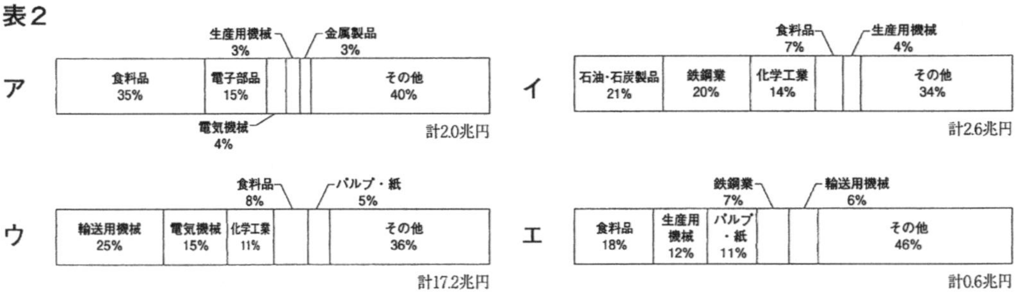

「2023データブック・オブ・ザ・ワールド」をもとに作成

問5　鹿児島県鹿児島市について，次のⅠ～Ⅳの各問いに答えなさい。

図2

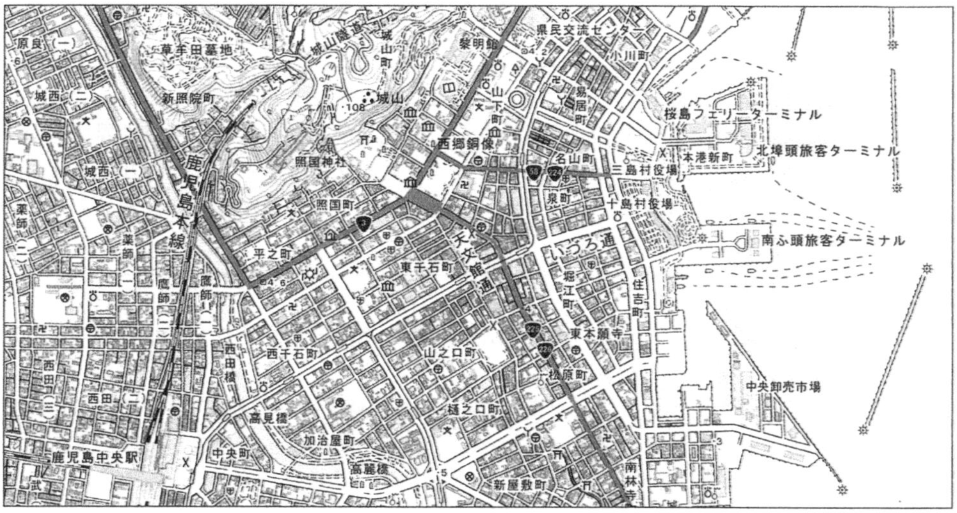

1/25000地形図「鹿児島北部」平成28年発行

Ⅰ　**図2**中の鹿児島中央駅から桜島フェリーターミナルまでの地図上での長さは，10cmであった。実際の距離を求めなさい。ただし，**単位はｍ（メートル）で答えること。**

Ⅱ　**図2**から読み取れることとして最も適切なものを，次の**ア～エ**から一つ選び，記号で答えなさい。

ア　鹿児島中央駅の西側には，交番がある。　　**イ**　市役所の北側には，裁判所がある。

ウ　北部の城山には，老人ホームがある。　　**エ**　港や防波堤には，風力発電所がある。

Ⅲ　鹿児島市では桜島の噴火時，道路などに積もったあるものを処分するために，専用の袋の中に入れ，指定された回収場所に出すことが決まりになっている。**写真1**はこの時に使用する袋で，袋の□には，この袋の中に入れるものが書かれている。**写真1**中の袋の□にあてはまるものとして正しいものを，次の**ア～オ**から一つ選び，記号で答えなさい。

ア　粉　　**イ**　木　　**ウ**　岩　　**エ**　灰　　**オ**　砂

写真1

Ⅳ　**写真2**は，鹿児島市の中心部を走る路面電車である。写真の⇨のように，路面電車の軌道の一部には芝生が植えられている。下は，軌道に芝生が植えられている理由について述べた文である。文中の空欄（　**X**　）に適する語句を**カタカナ**で答えなさい。

写真2

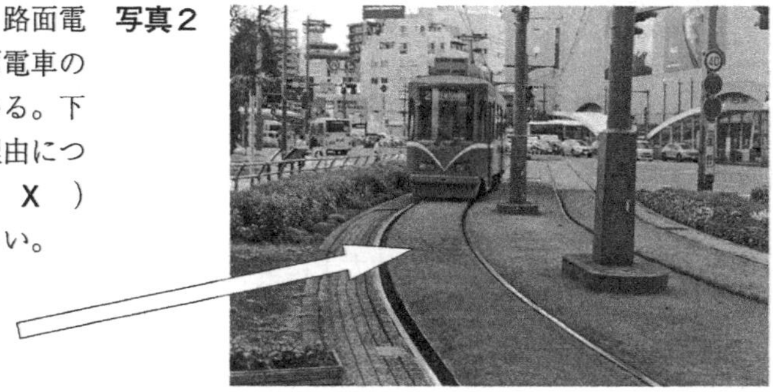

軌道の一部に芝生が植えられている

中心部にはビルや商業施設が集中しているため，気温が周辺地域よりも高くなる（　**X**　）現象を抑えることが，芝生を植えた理由の一つとして挙げられる。

3　次のA，B，Cの各文を読み，以下の問いに答えなさい。

A

紀元前２世紀末，ユーラシア大陸の東では，中央アジアから朝鮮半島やインドシナ半島にかかる広大な地域を支配する①漢が成立した。紀元前１世紀には地中海世界に広がるローマ帝国が出現，発展していった。これにより，東西の文化交流が盛んになり，交流・交易の道はシルクロードとよばれた。同じころ，②日本では小さな国が成立しはじめている様子が漢や後漢の歴史書に記されている。

問１　下線部①に関する，下の**a**，**b**の記述の正誤の組み合わせとして正しいものを，次の**ア**～**エ**から一つ選び，記号で答えなさい。

a　秦の始皇帝を倒して成立した漢は，騎馬民族の侵入を防ぐため，はじめて万里の長城を築いた。

b　漢が設置した楽浪郡は朝鮮半島の南端，現在の釜山を中心とした地域である。

ア　a＝正，b＝正　　**イ**　a＝正，b＝誤　　**ウ**　a＝誤，b＝正　　**エ**　a＝誤，b＝誤

問２　下線部②に関する，下の**a**，**b**の記述の正誤の組み合わせとして正しいものを，次の**ア**～**エ**から一つ選び，記号で答えなさい。

a　漢書によれば，このころの日本は倭とよばれ，100ほどの小国が存在していた。

b　後漢書によれば，邪馬台国の卑弥呼は漢に使いを送り，銅鏡100枚を授けられた。

ア　a＝正，b＝正　　**イ**　a＝正，b＝誤　　**ウ**　a＝誤，b＝正　　**エ**　a＝誤，b＝誤

B

７世紀に入り，ムハンマドがイスラム教を開くと，急速に③イスラム帝国が拡大し，東西交易が盛んになっていった。一方東アジアでは，隋を滅ぼした唐が全盛期を迎え，④遣唐使を通して中国文明の摂取に熱心な日本も，８世紀には，中国を手本とする律令制度を完成させた。

問３　下線部③に関する，下の**a**，**b**の記述の正誤の組み合わせとして正しいものを，次の**ア**～**エ**から一つ選び，記号で答えなさい。

a　正倉院に保管されているガラス容器のガラス部分は，ペルシャ（現在のイラン）でつくられ日本にもたらされたと考えられる。

b　正倉院に保管されている螺鈿《らでん》紫檀《したん》五弦《ごげん》琵琶《びわ》には，ラクダに乗る人の姿が螺鈿で表現されている。

ア　a＝正，b＝正　　**イ**　a＝正，b＝誤　　**ウ**　a＝誤，b＝正　　**エ**　a＝誤，b＝誤

問４　下線部④に関する，下の**a**，**b**の記述の正誤の組み合わせとして正しいものを，次の**ア**～**エ**から一つ選び，記号で答えなさい。

a　７世紀のはじめ，聖徳太子により最初の遣唐使，小野妹子が派遣された。

b　９世紀末，唐の衰えが著しくなったため，菅原道真の建議により遣唐使派遣延期が決定し，以後派遣されることはなかった。

ア　a＝正，b＝正　　**イ**　a＝正，b＝誤　　**ウ**　a＝誤，b＝正　　**エ**　a＝誤，b＝誤

C

11世紀後半から日本では，天皇を退いた上皇が権力をふるう院政が行われていた。⑤12世紀後半に天皇家で権力争いが起きると，日宋貿易で大きな利益をあげていた⑥平清盛は，天皇方に味方し，次第に権力を握っていった。

問５　下線部⑤に関する，下の**a**，**b**の記述の正誤の組み合わせとして正しいものを，次の**ア～エ**から一つ選び，記号で答えなさい。

a　保元の乱とよばれる争いで，勝利した後白河天皇は，摂関を置かず天皇親政を行った。

b　保元の乱とよばれる争いで，平清盛や源義朝を味方につけた後白河天皇が勝利した。

ア　**a＝正，b＝正**　　**イ**　**a＝正，b＝誤**　　**ウ**　**a＝誤，b＝正**　　**エ**　**a＝誤，b＝誤**

問６　下線部⑥に関する，下の**a**，**b**の記述の正誤の組み合わせとして正しいものを，次の**ア～エ**から一つ選び，記号で答えなさい。

a　平清盛は貿易を盛んに行うため，瀬戸内海航路の整備を進め，兵庫の大輪田泊や安芸の厳島神社を修築した。

b　平清盛は，平治の乱で源義朝を倒し，源頼朝を伊豆に流した。さらに武士としてはじめて太政大臣に任じられた。

ア　**a＝正，b＝正**　　**イ**　**a＝正，b＝誤**　　**ウ**　**a＝誤，b＝正**　　**エ**　**a＝誤，b＝誤**

4　以下の問いに答えなさい。

問１　下の写真は，江戸時代，長崎で使われたものである。
どのような目的で，どのように使われたものか，**30字**以内で説明しなさい。

問２　下の**ア～ウ**の絵を，描かれた時代順に並べ，記号で答えなさい。（古い方から書きなさい）

ア

イ

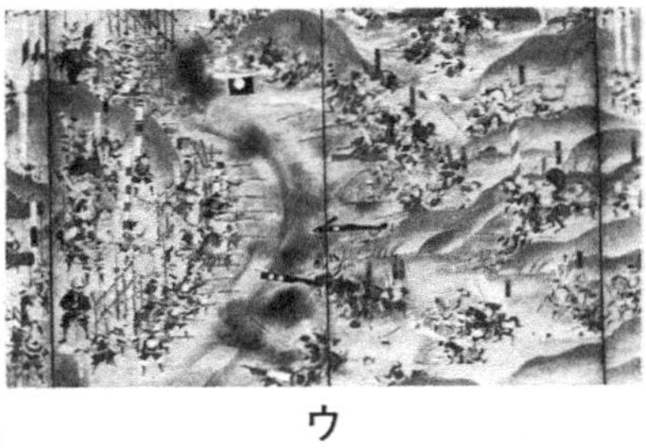

ウ

5　次の各写真やイラストに関連して書かれた文中の下線部①〜④には，一ヵ所誤りがある。その番号を答え，正しい語を次の**ア〜エ**から一つ選び，記号で答えなさい。

問１

江戸時代末期，ロシアとの間に①日露修好通商条約が結ばれ，千島列島の内の②択捉島以南を日本領とし，樺太の領有権は明確に定めなかった。明治時代になると，この曖昧な国境線を明確にするため，千島・樺太交換条約が結ばれ，樺太をロシア領，すべての千島列島を日本領とした。その後，日露戦争後に結ばれた③ポーツマス条約により，樺太の④北緯50度以南が日本領となった。

ア　日露和親条約　　**イ**　国後島　　**ウ**　下関条約　　**エ**　北緯38度

問２

日清戦争で清が敗北したことで，清の弱体を知った西欧列強諸国は，①租借権を得ることで，清の国土に事実上の植民地を拡大していった。南からはイギリス・フランスが，北からは②ロシアが勢力を広げ，中国国民の生活を圧迫していった。そうしたなか，一部の中国民衆は③義和団を結成し，④「臥薪嘗胆」をスローガンに掲げ，北京の外国公使館を包囲した。清政府も民衆の動きに同調し，列強諸国に宣戦布告した。

ア　内政権　　**イ**　アメリカ　　**ウ**　東学党　　**エ**　「扶清滅洋」

問３

第一次世界大戦後，ヨーロッパの復興が進むと日本の景気は悪化した。さらに①1923年におきた関東大震災で多くの企業が倒産し，銀行の経営状態も著しく悪化したため，預金を引き出そうとする人々が銀行に殺到した。これを②昭和恐慌という。1929年には③ニューヨークで株価が大暴落し，世界恐慌がはじまった。アメリカは，不況対策として④ニューディール政策や保護貿易を実施したため，日本やヨーロッパ諸国は大きなダメージを受けた。

ア　1927　　**イ**　金融恐慌　　**ウ**　ロンドン　　**エ**　五か年計画

問４

首相遂に兇手に倒る
昨夜十一時廿六分絶命
各方面襲撃の實相
—首相官邸、内府邸、警視廳
—日銀三菱銀行、政友會本部
輝ける一生

1930年代，悪化する経済状況をうけ，軍国主義体制を整え積極的に植民地を獲得すべきと考える人々が増えていくなか，関東軍は①柳条湖事件を起こし，②溥儀を執政とする満州国を建国した。そして満州国の承認を渋っていた③岡田啓介首相が，1932年５月15日に首相官邸で海軍の青年将校らに殺された。さらに④1936年２月26日には，陸軍の青年将校に率いられた約1500人の反乱軍により政府要人が殺傷された。

ア　盧溝橋　　**イ**　孫文　　**ウ**　犬養毅　　**エ**　1933

問5

第二次世界大戦後，日本の支配を脱した朝鮮では，1948年，①アメリカが占領していた南部が大韓民国(以下,韓国)として独立した。ついで②中国が占領していた北部が朝鮮民主主義人民共和国(以下,北朝鮮)となった。1950年に朝鮮の統一を目指し，北朝鮮が韓国に侵攻すると，③国連軍が韓国を，中国義勇軍が北朝鮮を支援したため戦いは３年に及び，④北緯38度線の板門店で休戦協定が結ばれた。

ア　日本　　**イ**　ソ連　　**ウ**　アメリカ　　**エ**　北緯17度

問6

1985年に成立したソ連の①ゴルバチョフ政権は，経済の停滞で低下する国力を立て直すため，これまで対立していたアメリカなどの西側陣営との関係改善を図った。その結果，それまでソ連の支配下にあった東ヨーロッパでも民主化が進み，②1989年にはベルリンの壁が取り壊された。そして，地中海の③マルタ島で，アメリカの④ケネディ大統領と会談し，冷戦の終結が宣言された。

ア　エリツィン　　**イ**　2001　　**ウ**　シチリア　　**エ**　ブッシュ

6　以下の問いに答えなさい。

問１　現代社会の特色に関連した文章として適当なものを，次の**ア～エ**から一つ選び，記号で答えなさい。

ア　従来からの課題であった日本の食料自給率の低さが改善され，食料全体の自給率が大きく向上している。

イ　人工知能（AI）が大きく進化し，その安全な取り扱いに関する議論が国内外で展開されている。

ウ　様々な少子化対策に取り組んでいる中で，日本の合計特殊出生率が安定的に高まっている。

エ　人や物，お金や情報などが，国境をこえて地球規模で移動する国際分業が急速に展開している。

問２　基本的人権に関連して，次の日本国憲法の条文の空欄［　A　］に当てはまる語句を**５字**で答えなさい。

> 第13条　すべて国民は，個人として尊重される。生命，自由及び幸福追求に対する国民の権利については，［　A　］に反しない限り，立法その他の国政の上で，最大の尊重を必要とする。

問３　新しい人権に関連して，自己決定権の観点から，医師が患者に対して治療方法などを十分に説明して，患者の同意を得るべきであるとする考え方を何というか，**カタカナ**で答えなさい。

問４　日本の司法制度に関連した文章として適当なものを，次の**ア～エ**から一つ選び，記号で答えなさい。

ア　民事裁判は，個人や企業といった私人の間の権利や義務についての対立を解決する裁判で，当事者の一方が裁判所に訴えを起こすことで審理が始まる。

イ　第一審の裁判所の判決に納得できない場合，第二審の裁判所に上告し，さらに不服があれば控訴することができる。

ウ　警察は，刑事裁判において，被疑者を被告人として裁判所に起訴し，裁判では証拠に基づいて有罪を主張して刑罰を求める。

エ　裁判員は，くじや面接によって選ばれ，殺人や強盗致死などの重大な犯罪についての刑事裁判で，第一審から第二審までの判決に参加する。

問５　選挙制度に関連して，小選挙区制と比例代表制の一般的な特徴について述べた文章として**適当でないもの**を，次の**ア～エ**から一つ選び，記号で答えなさい。

ア　小選挙区制は，死票が多くなりやすい傾向がある制度といわれる。

イ　比例代表制は，議会が数多くの政党に分かれる傾向がある制度といわれる。

ウ　比例代表制は，多様な意見が反映され，議会で物事を決めやすくなる傾向がある制度といわれる。

エ　小選挙区制は，大きな政党に有利となる傾向がある制度といわれる。

問６　日本における三権分立に関連して，内閣が行政権を行使するものを，次の**ア～エ**から一つ選び，記号で答えなさい。

ア　法律案の議決　　**イ**　条約の締結　　**ウ**　内閣総理大臣の指名　　**エ**　違憲審査

問７　日本の地方自治における直接請求権に関連して，人口が500,000人で，そのうち有権者の数が400,000人のＹ市において，市民が条例の制定を市長に対して請求するためには最低何人の有効な署名数が必要であるか，その数を答えなさい。

7　私のクラスでは経済について学びを深めようと，各班でテーマを絞り，グループ学習を行った。以下の表は各班の学習テーマである。次の問いに答えなさい。

班	テーマ	班	テーマ
1班	価格の働きと需要と供給	4班	外国為替と多国籍企業
2班	景気変動と戦後の日本経済	5班	グローバル経済と新興国の台頭
3班	金融政策と財政政策	6班	SDGsと日本の技術

問1　1班は人気のケーキについて取材した。下の□はその時の取材メモである。メモの内容から，このケーキの需要供給曲線はどのように移動したと考えられるか。最も適当なものを，次の**ア～エ**から一つ選び，記号で答えなさい。

〇このケーキは当初400円で販売したところ売れ残っていた。
〇地元の特産品を使っていること，特徴的な見た目と味が評判になりテレビの取材を受けた。
〇さらにSNSを使って宣伝したところ注目を浴び，今では閉店3時間前には品切れになるほど人気商品になった。
〇値上げも考えたが，お客様のことを考えて値段はそのままにしている。
〇販売個数を増やしたいと考えているが，人手が足りず，今はまだできない。

ア　**イ**　**ウ**　**エ**

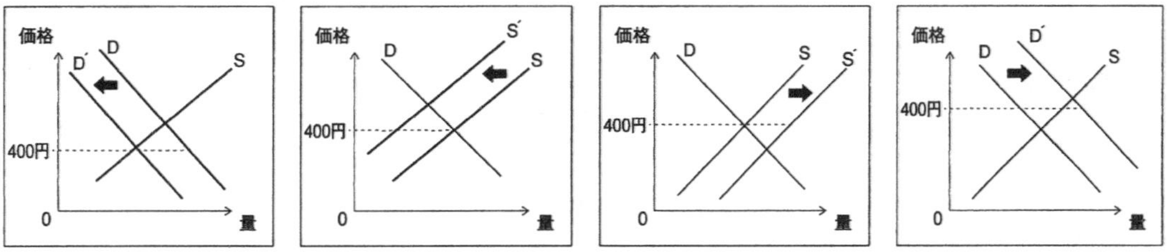

問2　2班のテーマに関連して，「景気変動」「戦後の日本経済」について述べた文として**誤っているもの**を，次の**ア～エ**から一つ選び，記号で答えなさい。

ア　不況の時，物価の下落と企業利益の減少が，連続して起こる状況をデフレスパイラルという。
イ　景気変動は，「好況⇒不況⇒後退⇒回復」の順番で波のように繰り返される。
ウ　1955年からの高度経済成長では，経済成長率が年平均で10%程度の成長が続いた。
エ　1991年にバブル経済が崩壊すると，地価や株価が急落し平成不況を迎えた。

問3　3班のテーマに関連して，下の□の文は不況期における金融政策の一つを説明したものである。文中の空欄（　①　），（　②　）に当てはまる語句の組み合わせとして正しいものを，次の**ア～エ**から一つ選び，記号で答えなさい。

日本銀行は一般の（　①　）。すると一般の銀行は貸し出せる資金が増えるため，金利は（　②　）。金利が（　②　）と企業は資金を借りやすくなり，生産が活発になると考えられる。

ア　①－銀行へ国債などを売る　　②－下がる
イ　①－銀行へ国債などを売る　　②－上がる
ウ　①－銀行から国債などを買い取る　　②－下がる
エ　①－銀行から国債などを買い取る　　②－上がる

問４　４班は円高と円安が貿易にどのように影響するかについて注目し調べた。右の図は円高と円安について，輸出入の面での影響についてまとめたものである。図中の空欄**Ａ～Ｄ**に当てはまる数字を，下の語群から一つずつ選び，記号で答えなさい。

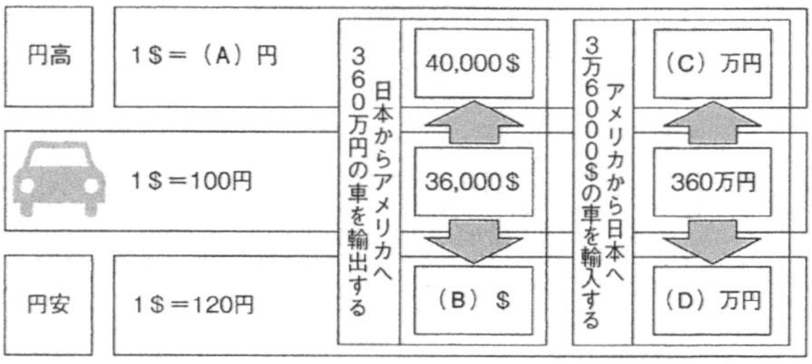

円高
1＄＝（A）円
1＄＝100円
円安
1＄＝120円
日本からアメリカへ 360万円の車を輸出する
40,000＄
36,000＄
（B）＄
アメリカから日本へ 3万6000＄の車を輸入する
（C）万円
360万円
（D）万円

【語群】

ア　60	**イ**　80	**ウ**　90	**エ**　240	**オ**　300	**カ**　324
キ　400	**ク**　432	**ケ**　24,000	**コ**　30,000	**サ**　32,000	**シ**　42,000

問５　５班はグローバル化と地域主義，新興国の台頭に注目し調べた。次の①②の問いに答えなさい。

①下の世界地図は世界の主な地域主義を示したものである。また，［　　］は地図中のある地域主義を説明したものである。［　　］が説明している地域主義を地図中の**ア～オ**から一つ選び，記号で答えなさい。

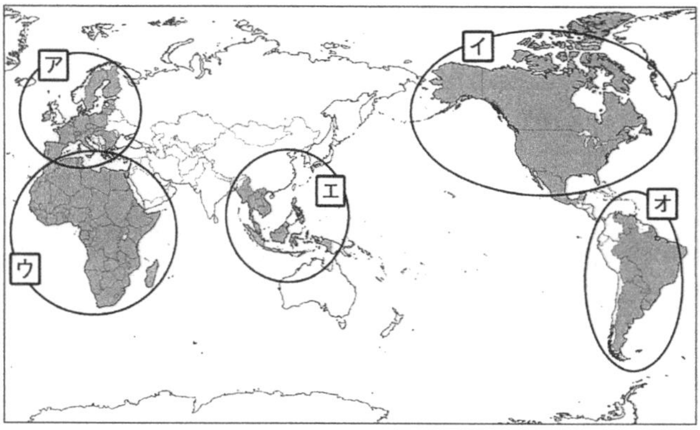

ア
イ
ウ
エ
オ

域内の関税及び非関税障壁の撤廃等による財，サービス，生産要素の自由な流通などを目的として1995年に発足した。加盟国は６か国あるが，ボリビアは批准待ち，ベネズエラは加盟資格停止中である。その他準加盟国が６か国ある。

②右の写真は2019年に開催されたＧ20大阪サミットの写真である。このサミットはＧ７に新興国などが加わって開催されたものであるが，**Ｇ７に該当しない国**を，次の**ア～カ**から一つ選び，記号で答えなさい。

G20 OSAKA SUMMIT
2019

ア　イタリア　　**イ**　カナダ　　**ウ**　日本
エ　ドイツ　　**オ**　イギリス　　**カ**　ロシア

問６　６班はテーマについて，環境問題と日本の技術に着目して調べた。「環境問題」「エネルギー問題」について述べた文として**誤っているもの**を，次の**ア～エ**から一つ選び，記号で答えなさい。

ア　1992年ブラジルのリオデジャネイロで地球サミットが開催され，気候変動枠組み条約が調印された。
イ　2015年に採択されたパリ協定は，先進国にのみ温室効果ガスの排出量の削減を義務付けた。
ウ　日本では二酸化炭素を排出しない発電方法として，再生可能エネルギーに注目し普及を進めている。
エ　日本の電力は主に火力発電に頼っているが，その燃料の90％以上を輸入に頼っている。

※音声は収録しておりません

これからリスニングテストを始めます。問題は Part1 から Part3 までの3つです。聞いている間にメモを取っても構いません。それでは Part1 の問題を始めます。

Part1 は No,1 から No.4 です。放送で流れる内容に合う英単語をアからエの中から1つずつ選び，記号で答えなさい。英文は2回読まれます。では，始めます。

No.1　What is the day of the week after Tuesday and before Thursday?
No.2　Who is the brother of someone's mother or father?
No.3　What is the meal you eat soon after you get up in the morning?
No.4　Where should you go when you have a cold?

これで Part1 を終わります。問題冊子の Part2 を見てください。

Part2 は No.1 から No.3 です。拓真(Takuma)と大吾(Daigo)の会話を聞いて，問題冊子に印刷されている No.1 から No.3 が，内容と合っていれば○，違っていれば×で答えなさい。英文は2回読まれます。では，始めます。

Takuma:　Daigo, where in Chiba do you live?
Daigo:　I live in Tateyama City, which is by the sea.　I like surfing and listening to hip-hop music.　I'm also interested in environmental problems. On weekends, I often join in volunteer activities to clean up the beach. Last Sunday, we picked up a lot of garbage on the beach in the early morning.
Takuma:　That's great.　I understand it's very important for us to keep the sea clean.　But I live in Yamagata City, which is surrounded by mountains. So, I can't do anything for the sea.
Daigo:　Takuma, that's not true.　There are many things you can do for the sea.　Saitama has no sea, but some people in Saitama are very active in a project to save the sea.
Takuma:　What do they do to help the sea?
Daigo:　There are many rivers in Saitama.　They take part in events to clean up the rivers.　All the rivers run into the sea, so keeping the rivers clean also protects the sea.
Takuma:　I see.　I take a walk along the river every morning.　I will take a plastic bag to pick up garbage.

受験番号	

日本大学山形高等学校

令和6年度　入学試験

理科問題

時間割

1	国語	9：00～9：50
2	数学	10：20～11：10
3	社会	11：40～12：30
	昼食	12：30～13：10
4	**理科**	**13：10～14：00**
5	英語	14：30～15：20

注意事項

1　「開始」のチャイムが鳴るまで，開かないでください。

2　「開始」のチャイムが鳴ったら，解答用紙に受験番号を書いてください。

3　問題冊子は，1ページから7ページまであります。試験開始と同時にページを確認してください。

4　答えは，すべて解答用紙に書いてください。

5　「終了」のチャイムが鳴ったら，すぐに鉛筆を置き，受験番号が書いてある方を表にして，後ろから自分の解答用紙を上にのせて，前の人に渡してください。

6　問題の内容についての質問には一切応じません。それ以外のことについて尋ねたいことがあれば，手をあげて聞いてください。

7　次のものは使用しないでください。

下じき，分度器，計算・単語表示機能・送信機能等の付いた腕時計，携帯電話，ボールペン。

1 **表1**はある地震において，地震が発生してからＰ波およびＳ波の２種類の地震波が届くまでの時間をＡ，Ｂ，Ｃの３地点で記録したものである。次の問いに答えなさい。なお，Ａ，Ｂ，Ｃの各地点の海抜に差はなく，地質は一様であるものとする。

表1　ある地震についての記録

	震源からの距離	Ｐ波が届くまでの時間	Ｓ波が届くまでの時間
Ａ地点	45 km	6 秒	15 秒
Ｂ地点	60 km	8 秒	20 秒
Ｃ地点	90 km	12 秒	30 秒

(1)　Ｐ波の速さ〔km/s〕を求めよ。

(2)　Ｐ波が届くまでの時間と，Ｓ波が届くまでの時間の差を何というか。漢字で答えよ。

(3)　別のある地点（Ｄ地点）で(2)の答えの時間の長さを計ったら，10 秒であった。この地点は震源から何kmの地点か。ただし，Ｄ地点とＡ，Ｂ，Ｃの各地点の海抜に差はなく，地質は一様であるものとする。

(4)　震源の真上の地点を何というか。漢字で答えよ。

(5)　(4)の地点は，Ｄ地点から30 km離れていた。この地震の震源の深さを求めよ。

(6)　地震について述べた次の**ア**～**エ**の文章から，正しいものを一つ選び，記号で答えよ。

ア　ある地点の地震のゆれを「震度」といい，８段階に分けられている。

イ　大きな地震が発生したとき，砂や泥でできたやわらかい土地では土砂とともに水がふき出すことがある。

ウ　ほとんどの地震は地下700 kmより深いところで発生する。

エ　マグニチュードが２増えると，地震のエネルギーの大きさは約100 倍になる。

2 日本周辺には，**図1**のように３つの気団がある。次の問いに答えなさい。

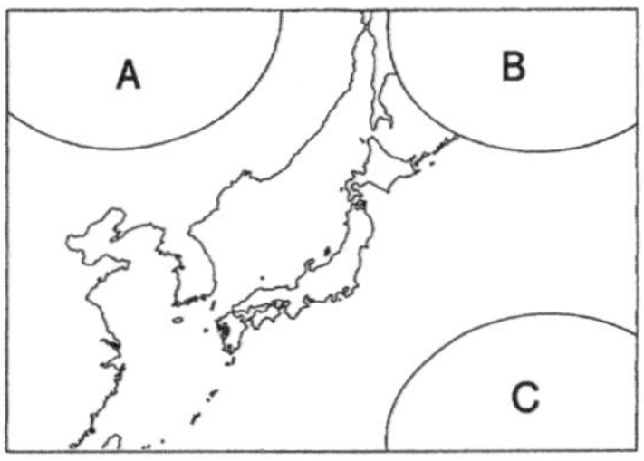

図1

(1)　日本をとりまく気団の勢力が変化するためにふく，それぞれの季節に特有な風を何というか。漢字で答えよ。

(2)　夏に日本列島をおおって，蒸し暑い晴天をもたらす気団はどれか。**Ａ**～**Ｃ**から一つ選び，記号で答えよ。

(3)　冬に強い北西の風をもたらす気団はどれか。**Ａ**～**Ｃ**から一つ選び，記号で答えよ。

(4)　気団**Ａ**，**Ｂ**をそれぞれ何というか。

3 月および地球について述べた次の**ア**～**オ**の文章から，**誤っているもの**をすべて選び，記号で答えよ。

ア 月から地球を観察すると，地球も満ち欠けをする。
イ 月の満ち欠けは，月が地球の周りを公転しながら，太陽光を反射するために起こる。
ウ 月の満ち欠けは，地球が反射する太陽光のあたり方の違いによって生じる。
エ 月の裏側（地球の反対側）は，いつまでも太陽がのぼらず，夜のままである。
オ 月の明るい側（月の昼の側）から地球を見ることができる場合がある。

4 植物のからだのつくりとはたらきについて調べるために次の実験・観察①～④を行った。下の問いに答えなさい。

① ホウセンカとトウモロコシの根を掘り出し，根を切らないようにして土を水で洗い落として根のようすを観察し，**図2**のようにスケッチした。
② **図3**のようにホウセンカの茎を赤インクで着色した水にさして，明るく，風通しのよいところに置いた。しばらくすると，どの葉の葉脈も赤く染まっていた。
③ **図3**のようにホウセンカの茎を**アーイ**で，葉を**ウーエ**で切り，茎と葉の切片をつくって，顕微鏡で観察した。
④ ホウセンカとトウモロコシのほかに，ムラサキツユクサ，タンポポ，アサガオ，エノコログサの４種類の葉をスケッチした。

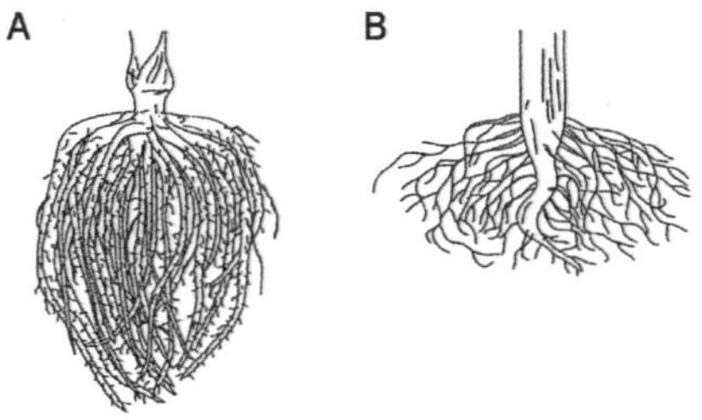

図2

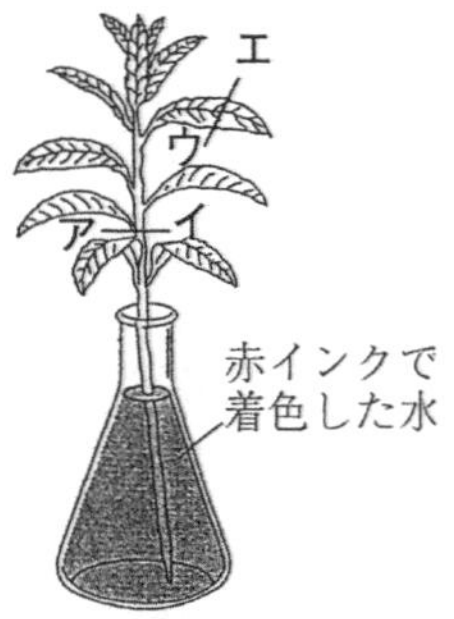

図3

(1) **図2**のうち，ホウセンカの根は**A**と**B**のうちのどちらか，記号で答えよ。

(2) **図2**の**A**のような根を何というか。

(3) **図4**は，③でつくった切片の一部の模式図である。茎と葉の断面から，赤く染まった部分はどこか。正しい組み合わせを次の**ア**～**エ**から一つ選び，記号で答えよ。

ア aとc　**イ** aとd
ウ bとc　**エ** bとd

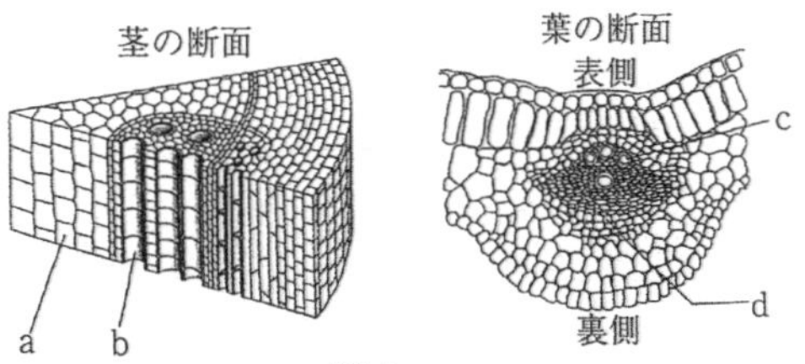

図4

(4) **図4**の赤く染まった通路を何というか。漢字で答えよ。

(5) **図5**は，④で描いた４種類の葉のスケッチである。トウモロコシと同じなかまの葉のスケッチはどれか。正しい組み合わせを次の**ア**～**オ**から一つ選び，記号で答えよ。

ア aとb　**イ** aとc　**ウ** aとd
エ bとc　**オ** bとd

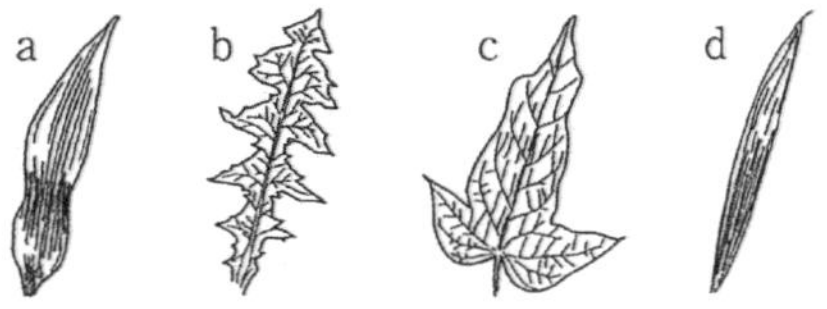

図5

5 **図6**は，ヒトの循環系の模式図である。**ア～コ**は血管を示し，**A～D**はじん臓，肝臓，小腸，肺のいずれかである。次の問いに答えなさい。

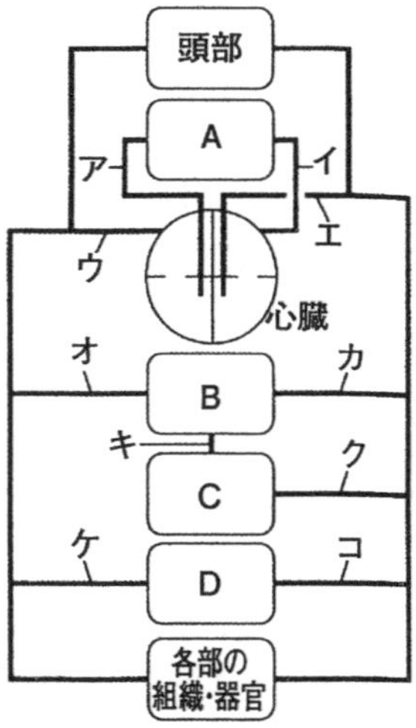

図6

(1) 小腸はどれか。**図6**の**A～D**から一つ選び，記号で答えよ。

(2) 次の①，②の血液が流れる血管はどれか。**図6**の**ア～コ**から一つ選び，記号で答えよ。
① 食後，ブドウ糖が最も多い血液
② 尿素が最も少ない血液

(3) **図6**の**ア**の血管は何と呼ばれるか。血管の名称を漢字で答えよ。

(4) **図6**の**ア～エ**の血管のうち，動脈血が流れているものはどれか。**ア～エ**から二つ選び，記号で答えよ。

6 遺伝の規則性を調べるために，エンドウの種子を用いて実験を行った。次の問いに答えなさい。ただし，エンドウの種子の形を決める遺伝子を，丸形はＡ，しわ形はａとし，丸形の種子をつくる純系の遺伝子の組み合わせをＡＡと表すものとする。なお，丸形が顕性の形質である。

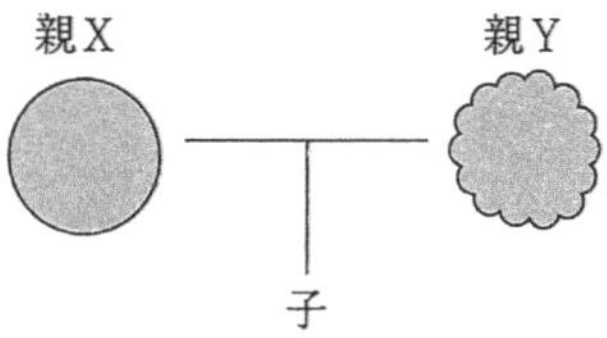

丸形としわ形の種子
図7

【実験】丸形の種子の１つをＸ，しわ形の種子の１つをＹとする。**図7**のように，ＸとＹを育て，Ｘの花粉を使ってＹの花を受粉させた。できた種子の形を調べると，丸形としわ形があった。

(1) 【実験】に用いた親Ｘと親Ｙの遺伝子型をそれぞれ答えよ。

(2) 【実験】の下線部で，丸形の種子としわ形の種子が合わせて400個できたとする場合，丸形の種子は何個できたと考えられるか。もっとも適切なものを次の**ア～エ**から一つ選び，記号で答えよ。
ア 100個　**イ** 133個　**ウ** 200個　**エ** 300個

(3) 【実験】で得た丸形の種子どうしを自家受精させて，合わせて400個の種子ができたとする場合，丸形の種子は何個できたと考えられるか。もっとも適切なものを次の**ア～エ**から一つ選び，記号で答えよ。
ア 100個　**イ** 133個　**ウ** 200個　**エ** 300個

7 **表2**の気体ア～ウは，酸素，水素，二酸化炭素，アンモニア，塩化水素の５種類の気体のいずれかである。次の問いに答えなさい。

表２ 気体の性質

	空気と比べた質量	水への溶けやすさ	水溶液の性質
気体ア	少し大きい	溶けにくい	中性
気体イ	大きい	よく溶ける	酸性
気体ウ	大きい	少し溶ける	酸性

(1) 気体ア～ウは何の気体か。それぞれ化学式で答えよ。

(2) 気体イを集めるのにどのような捕集方法が適しているか。「(　　) 置換法」の（　　）に入る語句を漢字２文字で答えよ。

8 銅およびマグネシウムは，酸素と化合して酸化物を生成する。このとき，反応する金属の質量と，金属と結びついた酸素の質量の関係は，**図8**のようになった。同じ量の酸素と結びつく，銅とマグネシウムの質量比（銅：マグネシウム）を整数値で答えよ。

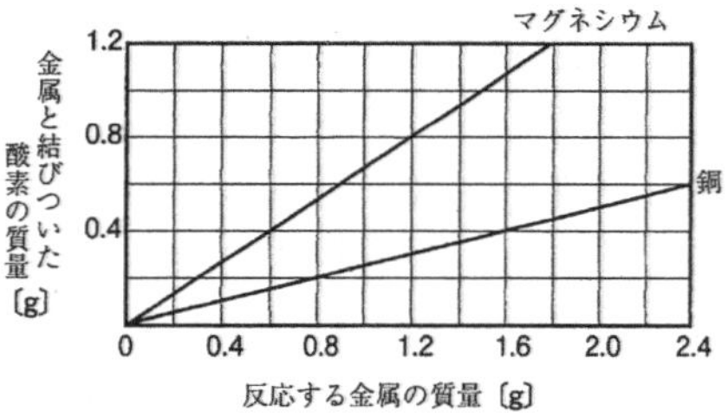

図8

9 4種類の物質A～Dは，水酸化ナトリウム$NaOH$，水酸化カルシウム$Ca(OH)_2$，塩化ナトリウム$NaCl$，炭酸カルシウム$CaCO_3$のいずれかである。この4種類の物質の混合物の組成を調べるために，次のような実験を行った。下の問いに答えなさい。

【実験1】この混合物10.0 gを，水に入れてかき混ぜると，物質Aだけが溶けずに残った。物質Aをろ過し，乾燥させた後その重量を測定すると3.60 gであった。

【実験2】実験1のろ液（200 mL）から100 mLをはかり取り，十分な量の炭酸ナトリウムNa_2CO_3水溶液を加えると，反応により物質Aが0.20 g生じた。

【実験3】実験1のろ液の残りから25 mLをはかり取り，フェノールフタレイン液を数滴加えた後，ある濃度の塩酸を少しずつ加えると，塩酸18 mLを加えたところで溶液は無色となった。さらにこの溶液を蒸発皿に移し，加熱して水を蒸発させると固体が残った。この固体は，物質Cと新たな物質Eとの混合物であった。

(1) 物質A，CおよびEは何か。化学式で答えよ。

(2) 【実験3】の下線部のとき，水溶液は何色か。

(3) 次の①，②について，小数第2位を四捨五入して小数第1位まで答えよ。

① 物質Dの0.74 gを十分な量の炭酸ナトリウムと反応させると，物質Aが1.00 g生じる。【実験2】より考えて，混合物10.0 g中に物質Dは何%含まれているか。

② 物質Bの0.80 gは，実験に用いた塩酸20 mLと過不足なく反応し，水を蒸発させると物質Cが生じる。また，物質Dの0.74 gは，実験に用いた塩酸20 mLと過不足なく反応し，水を蒸発させると物質Eが生じる。【実験3】より考えて，はじめに用意した混合物10.0 g中に物質B，Cはそれぞれ何g含まれているか。

10 次の問いに答えなさい。

(1) ようへいさんは平均40 m/sの速さで走る新幹線に乗って，山形から360 km離れた東京へ向かっている。この新幹線が山形から東京に到着するまでに何時間何分かかるか。

(2) 「力」に関する記述として正しいものを，次の**ア**～**エ**から一つ選び，記号で答えよ。

ア 物体に力を加えるとその物体から反対向きに同じ大きさの力を受けることを，作用・反作用の関係と呼ぶ。

イ 大きさが等しく向きが反対である2つの力は，つりあっているといえる。

ウ 斜面上の物体にはたらく重力は，斜面に対して垂直にはたらく。

エ 静止しているバスが前方に動き始めると，慣性によってバスに乗った人は前方に傾く向きの力を受ける。

(3) **図9**のような，質量2.1 kgの直方体のレンガがある。このレンガを水平な地面に置くとき，地面におよぼす圧力がもっとも大きくなるのはどの面を下にしたときか。**A**～**C**から一つ選び，記号で答えよ。また，そのときの圧力は何Paか。ただし，100 gの物体にはたらく重力の大きさを1 Nとする。

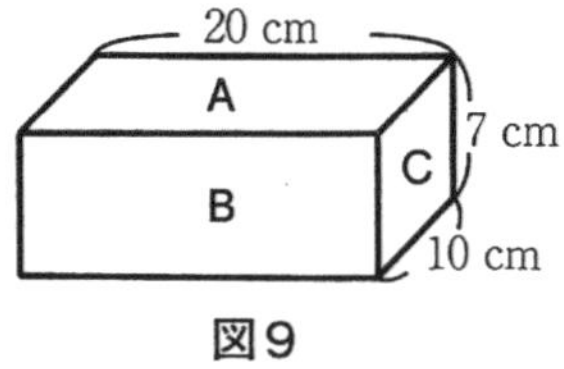

図9

(4) **図10**のように，物体，凸レンズ，スクリーン，光学台を用いて，スクリーンに実像をうつす実験を行った。凸レンズを固定して物体とスクリーンを動かすことで，スクリーンに物体と同じ大きさの実像をうつした。このときスクリーンを矢印の方向から見たときにうつった実像はどのように見えるか。もっとも適当なものを，次の**ア**～**エ**から一つ選び，記号で答えよ。ただし，スクリーンは光を通過させるものとする。

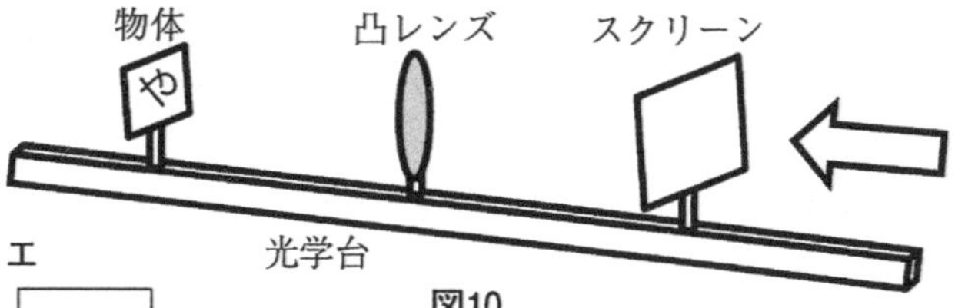

図10

ア　　**イ**　　**ウ**　　**エ**

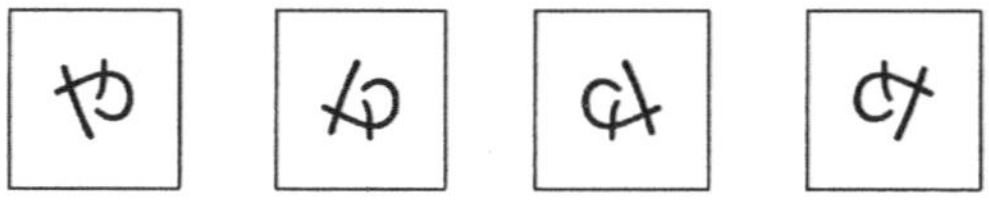

(5) ゆうじさんは打ち上げ花火を，１秒間に30コマ記録するビデオカメラで撮影した。撮影したビデオを分析すると，打ち上げ花火が開く映像からその花火の開く音が録音されている映像まで，ちょうど75コマ分の時間がかかっていることがわかった。このとき，花火が開いた位置とビデオカメラの位置は，何m離れていたと考えられるか。ただし，音の伝わる速さは340 m/sとする。

(6) 消費電力40 Wの白熱電球を，消費電力５ WのＬＥＤ電球につけかえることによって節約できる電気エネルギーは１分間で何Ｊか。ただし，消費電力は100 Vで使用するときの値である。

(7) 電磁誘導によって流れる電流に関する記述として**誤っているもの**を，次の**ア**～**エ**から一つ選び，記号で答えよ。

ア　棒磁石のＮ極をコイルに近づけるときとＳ極をコイルから遠ざけるときでは，流れる電流の向きは変わらない。

イ　棒磁石をコイルの中に入れて静止させると，入れる瞬間に流れる向きに一定の電流が流れ続ける。

ウ　棒磁石を固定して，コイルを棒磁石に近づけたり遠ざけたりしても電流は流れる。

エ　棒磁石をゆっくり動かすほど，流れる電流は小さくなる。

11　たかひろさんは，**図11**のように，300 gのおもりにはたらく重力の大きさを，ばねばかりを用いてはかった。次に，水を入れたビーカーを用意し，このおもりを**図12**のようにビーカー内の水に完全に沈めて，ばねばかりの示す値を調べた。なお，100 gの物体にはたらく重力の大きさを１Ｎとし，ばねばかりとおもりをつなぐ糸の質量と体積は無視してよい。

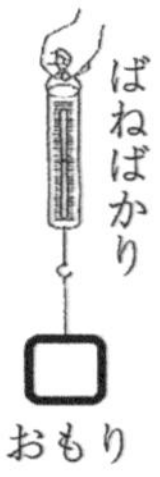

図11

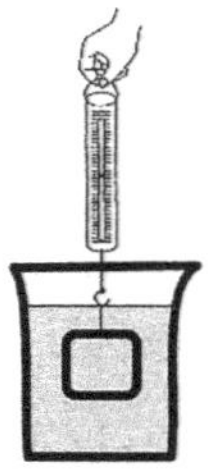
図12

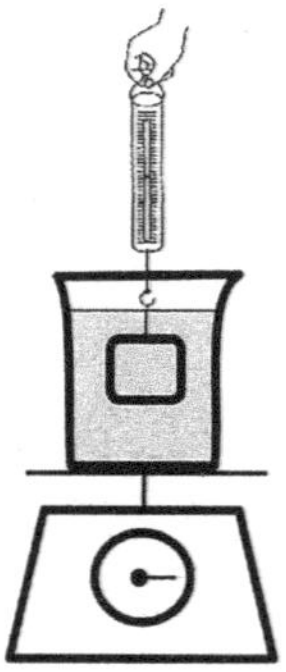
図13

(1) **図11**のとき，おもりにはたらく重力の大きさは何Nか。

(2) **図12**のとき，ばねばかりは2.7 Nを示した。おもりにはたらく浮力の大きさは何Nか。

(3) おもりが水に入っていない状態で水を入れたビーカーを台ばかりにのせると800 gを示した。続けて**図13**のようにおもりを水に完全に沈めると台ばかりは何gを示すか。

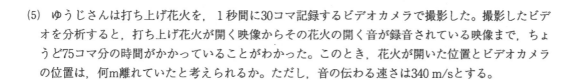

12 けんじさんは，自宅でドライヤーを使い始めたとき，電気が流れすぎるのを防ぐためのブレーカーという装置が作動し，家じゅうの電気が止まってしまうという経験をした。調べたところ，けんじさんの自宅のブレーカーは，40 Aを超える電流が流れたときに作動することが分かった。また，家庭用電源の電圧は一般的に100 Vであるため，電気器具を使用したときに何Aの電流が流れるかを知るには，その電気器具の消費電力を調べればよいことも分かった。次の問いに答えなさい。

(1) 電力と電気エネルギーについての説明として正しいものを，次の**ア**～**エ**から一つ選び，記号で答えよ。

ア 1 Wは，100 Vの電圧を加え，1 Aの電流を流したときに使われる電力である。

イ 1 Wは，1 Vの電圧を加え，1 Aの電流を1分間流したときに発生する電気エネルギーである。

ウ 1 Wの電力で，電流を1秒間流したときに発生する電気エネルギーが1 Jである。

エ 1 Wの電力で，電流を1分間流したときに発生する電気エネルギーが1 Jである。

(2) 別の日，けんじさんはエアコン，冷蔵庫，照明，テレビで1500 Wを使用していた。これらに加え電子レンジも使用している状態で，さらにある2種類の電気器具を同時に使用すると，ブレーカーが作動してしまったが，電子レンジの代わりに炊飯器を使用している状態で，この2種類の電気器具を同時に使用しても，ブレーカーは作動しなかった。この2種類の電気器具の組み合わせとしてもっとも適当なものを，次の**ア**～**エ**から一つ選び，記号で答えよ。なお，家にあった主な電気器具の消費電力は**表3**のとおりである。

表3 家にあった主な電気器具の消費電力（100 Vで使用するときの値）

	アイロン	こたつ	洗濯機	掃除機	電子レンジ	炊飯器
消費電力〔W〕	1300	700	500	1000	1200	600

ア アイロン，こたつ　**イ** アイロン，掃除機　**ウ** こたつ，洗濯機　**エ** 洗濯機，掃除機

受験番号	

日本大学山形高等学校

令和6年度　入学試験

英語問題

時間割

1	国語	9：00～9：50
2	数学	10：20～11：10
3	社会	11：40～12：30
	昼食	12：30～13：10
4	理科	13：10～14：00
5	**英語**	**14：30～15：20**

注意事項

1 「開始」のチャイムが鳴るまで，開かないでください。

2 「開始」のチャイムが鳴ったら，解答用紙に受験番号を書いてください。

3 問題冊子は，1ページから7ページまであります。試験開始と同時にページを確認してください。

4 答えは，すべて解答用紙に書いてください。

5 「終了」のチャイムが鳴ったら，すぐに鉛筆を置き，受験番号が書いてある方を表にして，後ろから自分の解答用紙を上にのせて，前の人に渡してください。

6 問題の内容についての質問には一切応じません。それ以外のことについて尋ねたいことがあれば，手をあげて聞いてください。

7 次のものは使用しないでください。

下じき，分度器，計算・単語表示機能・送信機能等の付いた腕時計，携帯電話，ボールペン。

1 これはリスニングテストです。放送の指示に従って答えなさい。

※音声は収録しておりません

Part 1

No. 1

ア Sunday
イ Monday
ウ Wednesday
エ Friday

No. 2

ア sister
イ grandfather
ウ aunt
エ uncle

No. 3

ア breakfast
イ dinner
ウ restaurant
エ snacks

No. 4

ア school
イ train station
ウ library
エ clinic

Part 2

No. 1 大吾 (Daigo) はビーチをきれいにする活動に参加している。

No. 2 埼玉には海を守る活動をしている人はいない。

No. 3 拓真 (Takuma) は海をきれいに保つため，先週，川の清掃をした。

Part 3

No. 1　次の(1)と(2)に当てはまる生徒を**ア**～**オ**の中から選びなさい。

(1)　バスケットボールが上手な生徒

(2)　柔道部に入っている生徒

No. 2　一番背が高い生徒は将来何になりたいですか。次の**ア**～**エ**の中から選び，記号で答えなさい。

ア　プロバスケットボール選手

イ　医師

ウ　水泳のインストラクター

エ　教師

2 次の問いに答えなさい。

A. (　　) に入る最も適切なものを選び，記号で答えなさい。

(1) He spends so (　　) money every day.
ア many　イ much　ウ so　エ few

(2) How long has Jack (　　) in London?
ア lives　イ living　ウ lived　エ live

(3) The picture (　　) by Takuya is very beautiful.
ア paints　イ painting　ウ painted　エ paint

(4) We got on a bus (　　) was just going to start.
ア that　イ they　ウ what　エ who

(5) (　　) a good boy and eat your vegetables.
ア Is　イ Do　ウ Are　エ Be

(6) (　　) guitar is this?--- It's hers.
ア What　イ Whose　ウ Which　エ Where

(7) A grown up man generally has 32 (　　).
ア foot　イ feet　ウ tooth　エ teeth

B. 次の各組の文がほぼ同じ内容になるように，(　　) 内に１語ずつ適語を入れなさい。

(1) My sister doesn't sing as well as Betty.
Betty sings (　　) (　　) my sister.

(2) I like to listen to the radio.
I am fond (　　) (　　) to the radio.

(3) He went to China at the age of ten.
He went to China when (　　) (　　) ten.

(4) When school was over, I went home at once.
As (　　) (　　) school was over, I went home.

(5) Do people use Spanish in Brazil?
Is (　　) (　　) in Brazil?

これで Part2 を終わります。問題冊子の Part3 を見てください。

Part3 は No.1 と No.2 です。ある学校の先生が写真を見せながら話しています。問題冊子に印刷されている No.1 と No.2 に答えなさい。英文は2回読まれます。では，始めます。

Look at this photo. They are my students. I love them. The student who is standing in the center is a very good basketball player. Last week, his team won the City Tournament. He wants to be a professional basketball player. The student standing next to the taller tree belongs to the judo club. She has been practicing judo for more than five years. The tallest student studies very hard every day. His dream is to become a doctor. He is also very good at sports. He goes to a swimming school twice a week.

これでリスニングテストを終わります。

(2)

問七

問八

〜

（※印の欄には記入しないでください。）

受験番号

小　計
※

小　計
※

小　計
※

小　計
※

合計得点
※ ※100点満点 （配点非公表）

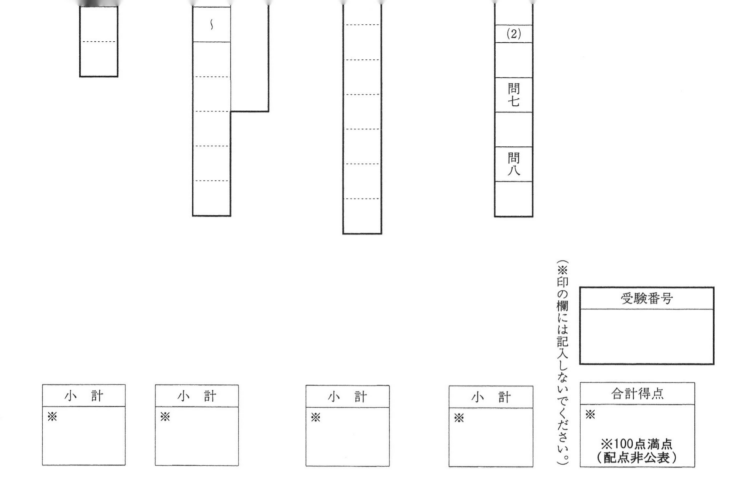

	(6) $\angle x =$ $^{\circ}$	(7)

3	(1) cm	(2) cm	(3) $a =$	(4) $y =$

4	(1) $a =$	(2) (,)	(3)

5	(1) FD =	(2) BG：GF = ：	(3) GH =

6	(1)	(2)	(3)	(4)

4		
	問1	
	問2	⇒ ⇒

※

5												
	問1	番号		記号		問2	番号		記号		問3	番号		記号	
	問4	番号		記号		問5	番号		記号		問6	番号		記号	

6								
	問1		問2		問3			
	問4		問5		問6		問7	人

7								
	問1		問2		問3			
	問4	A		B		C		D	
	問5	①		②		問6		

小計(⑥⑦)
※

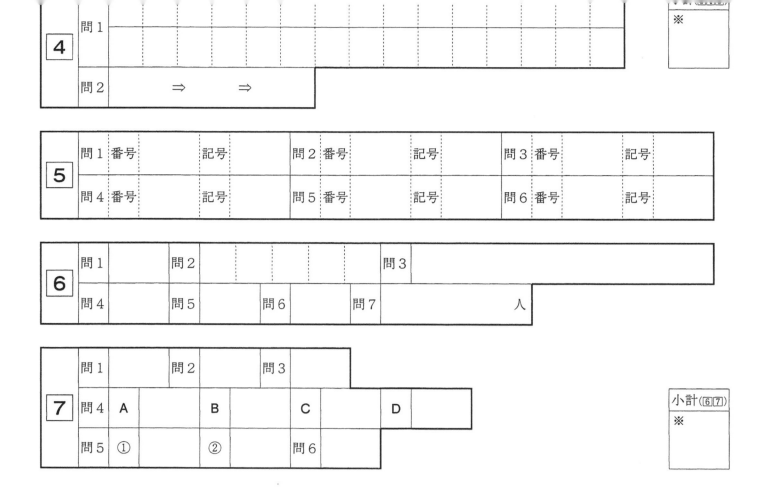

6	(1)	X	Y	(2)		(3)	

7	(1)	ア	イ	ウ	(2)	

8	：

9	(1)	A	C	E	(2)	色		
	(3)	①	%	②	B g	C g		

10	(1)	時間　分	(2)		(3)	面：	圧力：　Pa		
	(4)		(5)	m	(6)	J	(7)		

11	(1)	N	(2)	N	(3)	g

12	(1)		(2)	

※

小　計
※

小　計
※

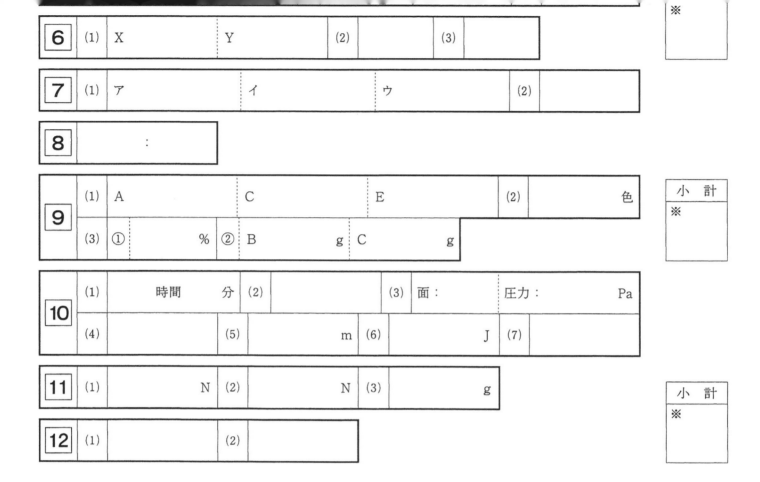

2						
	(4)		(5)		(6)	

C

３番目	５番目	３番目	５番目	３番目	５番目	３番目	５番目
(1)		(2)		(3)		(4)	

３番目	５番目	３番目	５番目	３番目	５番目
(5)		(6)		(7)	

小　計
※

3												
	(1)		(2)		(3)		(4)		(5)		(6)	
	(7)		(8)		(9)		(10)			╳	(11)	

小　計
※

令和６年度　日本大学山形高等学校　入学試験

英　語　　解　答　用　紙

受験番号

合計得点
※ ※100点満点 （配点非公表）

（注意　※には何も記入しないでください。）

1	1	No.1		No.2		No.3		No.4	
	2	No.1		No.2		No.3			
	3	No.1 (1)		No.1 (2)		No.2			

小　計
※

	A	(1)	(2)	(3)	(4)	(5)	(6)	(7)

【解答

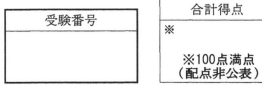

令和６年度　日本大学山形高等学校　入学試験

理　科　　解　答　用　紙

受験番号

合計得点
※ ※100点満点 （配点非公表）

（注意　※には何も記入しないでください。）

1								
	(1)	km/s	(2)					
	(3)	km	(4)		(5)	km	(6)	

2						
	(1)		(2)		(3)	
	(4)	A	B			

3	

小　計
※

4										
	(1)		(2)		(3)		(4)		(5)	

【解答

令和６年度　日本大学山形高等学校　入学試験
社　会　　解　答　用　紙

受験番号

合計得点
※ ※100点満点 （配点非公表）

（注意　※には何も記入しないでください。）

1	問１	月　日　：					問２		問３	
	問４		問５		問６		問７			

2	問１				問２		問３	
	問４		問５	Ⅰ	m	Ⅱ		
	Ⅲ		Ⅳ	現象				

小計（1 2）
※

3	問１		問２		問３		問４		問５		問６	

【解答

令和６年度　日本大学山形高等学校　入学試験

数　学　　解　答　用　紙

受験番号

合計得点
※ ※100点満点 （配点非公表）

（注意　※には何も記入しないでください。）

1	(1)	(2)
	(3)	(4)

	(1)	(2)　$x=$	(3)　$x=$　　　，　$y=$

【解答

令和六年度
日本大学山形高等学校　入学試験

国語　解答用紙

一

問一		問二	(1)		(2)		問三		問四		問五	

二

問一	A		B		問二		問三	
問四	(1)					
	(2)					
問五		問六		問七		状況	問八

三

問一	I	め	II		III	
問二	A		B		問三		問四		問五	
問六		問七	

四

問一	(1)		(2)		問二		問三	
問五	A		B		問六		問七		問八	

(6) I studied in my room, and then ate lunch.
I studied in my room (　　) (　　) lunch.

C. (1)〜(7)の日本語の意味になるように，(　　) 内の語 (句) を並べ替えなさい。
解答欄には (　　) 内で，３番目と５番目にくる語 (句) を記号で答えなさい。
ただし，文頭に来る語 (句) も小文字にしてある。

(1) 彼は来週，家の壁のペンキを塗らなければならないでしょう。
He (ア paint イ to ウ of エ his house オ will カ have キ the wall) next week.

(2) 私はあなたにあげるリンゴが少しあります。
(ア some イ I ウ you エ apples オ have カ give キ to).

(3) 朝早く起きることはあなたの健康に良いです。
(ア is イ for ウ getting up エ health オ good カ your キ early).

(4) 彼女はあなたと話したくてここに来ました。
She (ア because イ to ウ here エ came オ talk カ wanted キ she) with you.

(5) あなたのクラスには何人の生徒がいるか知っていますか。
Do you know (ア your class イ are ウ how エ there オ students カ many キ in)?

(6) これはたいへん小さいので，私ははっきり見ることができません。
This is (ア to イ me ウ small エ clearly オ for カ too キ see).

(7) 昨日，彼女はスマートフォンでゲームをする時間がなかった。
She (ア time イ play ウ no エ had オ game カ to キ a) on the smartphone yesterday.

3 次の文章を読み，あとの問いに答えなさい。

Do you know kendo? Many students (1)　 are reading this may also know kendo. But do you know the rules of kendo? If you don't know (2) them, you might not be able to feel excited by kendo. I have been practicing kendo for over ten years. I know a lot of interesting points of kendo. I want to share them with you too. So, I will teach you some important things of kendo here.

The history of kendo is very long. Kendo is said to have been born in the Edo era. The name of kendo was *1*gekiken* at that time. This spread all over Japan but there were not many rules of *gekiken*. So, players did *gekiken* by using their own fighting style. After the Meiji era, a basic style with rules was made and (3) *gekiken* became kendo. Now there are over 2,000,000 players in the world.

Some people watched kendo on TV, and thought it was cool, others wanted to become like anime characters. Some of (4) them started kendo. I was one of them too. There are a lot of benefits to kendo. Kendo makes our body strong. I could develop my muscles by practicing kendo, and kendo teaches us good manners. Sometimes young people are said not to be able to greet properly. But, thanks to kendo, I can do that naturally. So, we can grow physically and mentally. Also, we can continue to do kendo over the years. Next, let's explain the rules of kendo.

To win a kendo match, players have (5) score "*Ippon*". There are four [*2]requirements for it. First, you have to hit one of the four [*3]strike zones with your [*4]bamboo sword correctly. These are *men*, *do*, *kote*, and *tsuki*. If your [*5]opponent does not move, you can hit them easily, but in kendo matches, you and your opponent are both moving, (6) so to hit them is very difficult. When I practiced kendo, though I practiced hard every day, I could not hit them correctly for a long time. However, because I did not give up practicing, I can do it now. I learned that to practice every day is so important.

Second, you have to show your fighting spirit. In kendo matches, you have to keep shouting and, for example, when you [*6]are about to hit *men*, you have to shout "*men*!" (7) [*7]Even if you can hit *men* correctly, [*8]unless you shout "*men*", you cannot score *Ippon*. Usually, I do not speak in a loud voice, but in kendo matches, I shouted as well as I could. Because of this, my voice was [*9]hoarse so many times.

Third, you have to keep good [*10]posture in kendo matches. And when you are about to hit one of the zones, you have to take your right foot forward powerfully. This is (A) "*Fumikomi*". The combination of hitting the zones correctly, showing fighting spirit, and keeping good posture is the most important thing to score *Ippon*.

Fourth, you have to show "*Zanshin*". There is a basic posture (B) "*Kamae*" in kendo. When you do not attack your opponent, you have to keep this posture. In addition to this, for example, after you can hit any strike zones, you have to show this. This is (C) "*Zanshin*". Even if you can (8) meet the requirements above, unless you show the posture, you will not be able to score *Ippon*. Also, even if you can hit correctly, shout, and keep the posture, you lose your *Ippon* when you show your happy feeling. I have seen people showing it, and losing their *Ippon* in some tournaments. In kendo matches, we always have to be calm. It is difficult for players to do so, but this combination makes *Ippon*. This is one of interesting points of kendo.

Maybe few people know about the things which I have written here and I do not know all of rules yet either. The rules of kendo are not familiar to many people and are difficult, but very interesting. I am going to continue to study the rules. Now you may be able to enjoy watching kendo matches. I want you to watch them after you go home, and if you are interested in kendo, someday I want to do kendo with you.

[*1] ***gekiken***：撃剣　[*2] **requirements**：条件　[*3] **strike zones**：打突部位(剣道で狙うべき部位)
[*4] **bamboo sword**：竹刀　[*5] **opponent**：対戦相手　[*6] **are about to ～**：まさに～しようとするところだ
[*7] **even if**：たとえ～でも　[*8] **unless**：～でない限り　[*9] **hoarse**：かすれた　[*10] **posture**：姿勢

(1) 下線部(1)に当てはまる語を選択肢の中から一つ選び，記号で答えなさい。

ア which　　イ whose　　ウ who　　エ how

(2) 下線部(2)が指し示すものとして正しいものを選択肢の中から一つ選び，記号で答えなさい。

ア kendo　　イ the students
ウ some important things　　エ the rules of kendo

(3) 下線部(3)の理由として正しいものを選択肢の中から一つ選び，記号で答えなさい。

ア ルールが厳格に決められておらず，プレイヤーが各々の流派で戦っていたから。

イ 撃剣は剣道と比較してあまりに危険で，ルールを決めなければ競技として成立することが危ぶまれたから。

ウ 撃剣という名前に対して世間からの批判が多く集まったから。

エ その当時は今ほど競技人口も多くなく，ルールを決め，名前を変えることで全世界に普及したいと考えたから。

(4) 下線部(4)は何を表しているのか，選択肢の中から一つ選び，記号で答えなさい。

ア 大けがをするのではないかと考え，撃剣を始めようか悩んでいた江戸時代の人たち。

イ 剣道を通して心身共に成長させたいと思った人たち。

ウ テレビで剣道を見てかっこいいと思ったり，アニメのキャラクターのようになりたいと考えたりした人たち。

エ 剣道をテレビで見たけど見ていてもよくわからず，もっと剣道のことを知りたいと思った人たち。

(5) 下線部(5)の空欄に当てはまる語を選択肢の中から一つ選び，記号で答えなさい。

ア of　　イ with　　ウ for　　エ to

(6) 下線部(6)の理由として正しいものを選択肢の中から一つ選び，記号で答えなさい。

ア 相手も自分と同様に試合に勝ちたいと思っているから。

イ 自分も相手も試合中，動き続けるから。

ウ 自分も相手も試合中，叫び続ける必要があるから。

エ 相手も自分もどこを狙えばよいか迷ってしまうから。

(7) 下線部(7)の言い換えとして正しくないものを選択肢の中から一つ選び，記号で答えなさい。

ア If you do not shout the name of the strike zone, you will not be able to score *Ippon*.

イ To score *Ippon*, you only have to shout in kendo matches.

ウ If you can hit *men*, you must shout "*men*!"

エ When you can hit any strike zones, you have to shout the name of them.

(8) 下線部(A)，(B)，(C)にはすべて同じ語が当てはまる。その答えとして適切なものを選択肢の中から一つ選び，記号で答えなさい。

ア called　　イ calling　　ウ to call　　エ call

(9) 下線部(8)と同じ意味の動詞が使われている文を選択肢から一つ選び，記号で答えなさい。

ア I met her on the street.

イ We met for coffee last Sunday.

ウ Her eyes met his eyes.

エ I met my mother's wish.

(10) 本文の内容として正しいものを選択肢の中から二つ選び，記号で答えなさい。

ア If you do not know the rules of kendo, you will be able to enjoy watching kendo match enough.

イ To hit strike zones is easy for players, if they practice hard every day.

ウ One of the most important things to score *Ippon* is showing your fighting spirit.

エ To hit strike zones with bamboo sword correctly is important, but to keep good posture is not.

オ If you show your happy feeling after scoring *Ippon*, you will lose your *Ippon*.

(11) この文章のタイトルとして最も適切なものを選択肢の中から一つ選び，記号で答えなさい。

ア The reason why people want to start *gekiken*

イ A method of winning in kendo

ウ The things which we can do to make kendo famous

エ Advantages of developing your muscles through kendo

受験番号	

日本大学山形高等学校

令和5年度　入学試験

国語問題

時間割

1	国語	9：00〜9：50
2	数学	10：20〜11：10
3	社会	11：40〜12：30
	昼食	12：30〜13：10
4	理科	13：10〜14：00
5	英語	14：30〜15：20

注意事項

1 「開始」のチャイムが鳴るまで，開かないでください。

2 「開始」のチャイムが鳴ったら，解答用紙に受験番号を書いてください。

3 問題冊子は，1ページから11ページまであります。試験開始と同時にページを確認してください。

4 答えは，すべて解答用紙に書いてください。

5 「終了」のチャイムが鳴ったら，すぐに鉛筆を置き，受験番号が書いてある方を表にして，後ろから自分の解答用紙を上にのせて，前の人に渡してください。

6 問題の内容についての質問には一切応じません。それ以外のことについて尋ねたいことがあれば，手をあげて聞いてください。

7 次のものは使用しないでください。
　下じき，分度器，計算・単語表示機能・送信機能等の付いた腕時計，携帯電話，ボールペン。

2023(R5) 日本大学山形高
K 教英出版

一 次の各問いに答えなさい。

問一 傍線部の漢字が他と異なるものをそれぞれ次の中から一つ選び、記号で答えなさい。

(1)
ア スイトウ栽培の技術を学ぶ。
イ 経費をノウニュウする。
ウ 夏の衣類をナンドに仕舞う。
エ 朝食は必ずナットウを食べる。

(2)
ア 募集ヨウコウを入手する。
イ 特記ジコウを記入する。
ウ 模擬試験の問題のケイコウを調べる。
エ 方程式のXを左辺にイコウする。

問二 次のそれぞれの語句の読みとして間違っているものを一つ選び、記号で答えなさい。

ア 封建（ほうけん）　イ 尽力（じんりょく）
ウ 聡明（そうめい）　エ 法治（ほうじ）

問三 「よけいな心配をすること」という意味を持つ故事成語を、次の中から一つ選び、記号で答えなさい。

ア 白眉《はくび》　イ 蛇足　ウ 推敲　エ 杞憂《きゆう》

問四 次のそれぞれの慣用句の空欄に共通して入る語を、漢字一字で答えなさい。

□二才　□雲の志
□天の霹靂《へきれき》　隣の芝生は□い

問五 傍線部の敬語の使い方として間違っているものを次の中から一つ選び、記号で答えなさい。

ア 私がこれまでの経緯を申し上げます。
イ 取引先の社長さんからお土産をいただきました。
ウ 私の父がそのようにおっしゃいました。
エ お客様がもうすぐお見えになります。

問六 次の文の空欄に当てはまる語として適切なものを一つ選び、記号で答えなさい。

○男女平等の社会を形成するためには、〔　　〕の格差をなくしていく必要がある。

ア モラトリアム　イ ジェンダー
ウ パラドックス　エ テクノロジー

問七 芥川龍之介の作品を次の中から一つ選び、記号で答えなさい。

ア 杜子春　イ 吾輩は猫である
ウ 小僧の神様　エ 人間失格

問八 次の漢文を訓読するとき、「■」の部分は何番目に読みますか。順番を漢数字で答えなさい。

□ □レ ■ □二 □ □ □一。

二　次の文章を読み、後の問いに答えなさい。（設問の都合上、表記を変えている箇所があります。）

環境（Environment）の語源には「周辺」という意味がありますが、日本語には環境の他にも人間と自然の関係をとらえるときに用いられる表現があります。それは「風土」です。風土の定義に関する議論は色々ありますが、本書では以下のように考えたいと思います。

風土は、自然と人間のあいだにあるひとまとまりの関係のこと。「風」は文化・民俗を、「土」は土地・地域を表し、これらは互いに独立してあるのではなく、ひとつのまとまりとして※不可分に存在する。風土の視点において自然と人間は、自然が人間をつくり、また同時に自然は人間につくられる、という相互に定義し合う関係にある。こうした相互に定義し合う関係性を「逆限定の関係」と表現したいと思います。《中略》

その上で、風土は「私たち」という主語で用いられるという特徴があると考えています。なぜならあるひとつの風土は、その風土が形成される地域に暮らす・関わりのある人々の間で共有され、語られるものだからです。風土は個人が認知できますが、個人が単独で形成することはできません。風土は常にある地域に暮らす・関わりのある人たち（＝私たち）を主語として語られます。【 Ⅰ 】、「この町では～」、「この地域では～」、「うちらは～」というような表現がこれにあたります。

このように、風土は「私たち」という主語を[a]トモナって、人間と自然とのあいだのひとまとまりの関係性を表しています。このことは同時に、個々の土地ごとに異なる風土があることを意味します。【 Ⅱ 】、地域Aに暮らす私たちにとっての風土と、地域Bに暮らすあなたたち（地域Aのそれとは別の私たち）にとっての風土は異なるということです。異なる風土を語るいくつもの「私たち」があることを認めることで、多元的な世界観を受け入れることができます。「環境―人間」というような、二項対立的な世界観における客観的対象としての「環境」では、全地球・全種的に共有しているひとつの環境があるということが前提になっていますが、複数の異なる「私たち」をはじめから内化している風土は①多元的な世界を前提にしているのです。

風土では自然と人間が不可分なひとまとまりの関係としてありますから、この風土の視点においてサステイナビリティを考え行動する（＝「何をまもり、つくり、つなげていきたいのか」を考え行動する）ことが、ひいては自然をつくることになり、そうしてまた、つくった自然に人間がつくられる関係へ展開していくことと同義になります。このことを従来の②「環境のサステイナビリティ」に対し、「風土のサステイナビリティ」と呼びたいと思います。

気候変動や地球温暖化に代表されるこれまでの環境問題の議論では、その影響範囲が全地球であることから、環境のサステイナビリティが重要視されてきました。この視点を用いることで、③地球環境の状態を※俯瞰《ふかん》的に把握することはできるようになりました。しかし、実際に課題に向き合う段階において、行動主体となる主語は見失われてきました。

環境のサステイナビリティの視点によって観察・[b]ブンセキ・介入を検討した情報は、状況に対する※対処療法的な視点を与えてくれます。このような視点を片方に持ちながら、「私たち」という主語を用いてより実際の体験としての自然と人間の関係性についての情報を与えてくれる、風土のサステイナビリティの視点を補うと、今度は思考を展開している私を環境のなかに内化した視点から、日々をどのように暮らしていけばよいのかを考えることができるようになるのではないでしょうか。

一方で、風土の視点にも限界があります。それは、その範疇《はんちゅう》を「地球」や

「グローバル」というマクロ視点にまで引き上げると、風土の視点からサステイナビリティを語るときの「私たち」という主語に対する意識がとても弱くなってしまう、あるいは消えてしまうことです。全地球的な風土というものが仮に想像できたとしても、その規模において風土の特徴である「自然が人間をつくり、自然は人間につくられる」という相互に定義し合う関係が、規模が大きすぎて私たちには認知することがとても難しくなります。少なくとも私自身は「地球の風土」というような表現に手触り感を感じられないのですが、このあたりについて④そうした認識も可能だとする議論もあります。

　気候変動や地球温暖化のようなグローバルな環境問題や、※ＳＤＧｓのような全人類の開発目標という枠組みにおいては、⑤自然と人間がお互いに定義し合うこと（【　Ⅲ　】）が認知できないがゆえに、どこか他人事のような感覚が生じるように思います。他方で、ある地域や町といった程度の規模であれば、明日からの私の行動の変化がどのように自然と人間のつくり・つくられる関係のなかでの変化として現れるかをcヨウイに想像することができるでしょう。「私たち」という感覚が成り立つ風土という視点をdジュウソクしていくことで、環境問題に対しても主体性を持つことができるようになるのではないでしょうか。

（工藤尚悟『私たちのサステイナビリティ——まもり、つくり、次世代につなげる』岩波ジュニア新書による）

※不可分…密接に結びついていて、分けたり切り離したりできないこと。
※俯瞰…広い視野で物事を見たり考えたりすること。また、ある事柄や状況に対して客観視すること。
※対処療法…対症療法。根本的に解決するのではなく、表面に表れた状況に対応して物事を処理すること。
※ＳＤＧｓ…Sustainable Development Goalsの略称。二〇三〇年までに持続可能でよりよい世界を目指す国際目標。

問一　二重傍線部a「トモナ（って）」・b「ブンセキ」・c「ヨウイ」・d「ジュウソク」を漢字に改めなさい。

問二　空欄【　Ⅰ　】【　Ⅱ　】に入る言葉を次の中からそれぞれ一つ選び、記号で答えなさい。
ア　あるいは　イ　つまり　ウ　そして　エ　しかし
オ　なぜなら　カ　例えば

問三　傍線部①「多元的な世界」と対照的な表現を本文から二十字で抜き出し、その最初と最後の三字をそれぞれ記しなさい。

問四　傍線部②「『環境のサステイナビリティ』」の視点で、全地球規模の課題を考える際の問題点としてどのようなことが考えられますか。適切なものを次の中から一つ選び、記号で答えなさい。
ア　「風土」の視点に立った活動による効果を阻害してしまう。
イ　行動主体となる主語が見失われ、他人事のように感じてしまう。
ウ　第三者的な視点から課題を考察し、対策を練ることができない。
エ　過去のデータをもとに状況に合わせた対応をすることができない。

問五　傍線部③「地球環境の状態を俯瞰的に把握する」と対照的な表現を本文から五十字以内で抜き出し、その最初と最後の三字をそれぞれ記しなさい。

問六　傍線部④「そうした認識」とはどういうことですか。適切なものを次の中から一つ選び、記号で答えなさい。
ア　風土の視点の範囲をグローバルというマクロ視点にまで引き上げてしまうと、「私たち」という主語に対する意識が小さくなってしまうこと。
イ　地球規模の大きい範疇においては、自然が人間を含めた全てをつくりあげているという全地球的な風土という考えが想定しづらいということ。

ウ　全地球的な枠組みにおいても、自然と人間のつくり・つくられる関係を実感でき、「私たち」という主語に対する意識が感じられること。

エ　ある地域や町といった程度の範囲の規模であれば、「地球の風土」というような表現は違和感なく認知することができるということ。

問七　傍線部⑤「自然と人間がお互いに定義し合うこと」を端的に言い表した言葉が空欄【　Ⅲ　】に入ります。その言葉を本文から六字で抜き出しなさい。

問八　本文の内容について述べた文として適切なものを次の中から一つ選び、記号で答えなさい。

ア　風土のサステイナビリティの視点で環境問題を考える際、「地球」や「グローバル」といった規模が大きい場合は、自然と人間のつくり・つくられるという相互に定義し合う関係や行動主体となる主語を認知することが困難になってしまうことがある。

イ　環境問題などのグローバルな事柄について考える際、環境のサステイナビリティの視点で検討すると、自分が携わっているという実感が湧きづらいため、風土のサステイナビリティの視点を用いた方が問題解決に適している。

ウ　地球環境の状態を主観的にみることができる環境のサステイナビリティの視点と、「私たち」という主語を用いて客観的な視点から地球環境の情報を得られる風土のサステイナビリティの視点とは相互補完的な関係にある。

エ　グローバルな規模の問題を考える際に、「私たち」という主語を伴って人間と自然とをひとまとまりの関係とする風土の視点を取り入れることで、それぞれの地域の文化を認めることが可能となり、対立的な世界を変えることが可能となる。

三　次の文章を読み、後の問いに答えなさい。(設問の都合上、表記を変えている箇所があります。)

姉と紺野さんの結婚式が一週間後に迫っている。父が職場の人たちと一緒に姉のウェディングドレスを縫い上げた。父の雇い主である黒田さんの助言で、弟である高校一年生の「僕(清澄《きよすみ》)」が、最後の仕上げとしてこのウェディングドレスに「刺繍《ししゅう》」を入れることに決まった。

ノースリーブが嫌。かわいすぎるのは嫌。とにかくキラキラしてるのは嫌。そんなんドレスちゃうわ、と僕が鼻白《はなじろ》んだ姉の要望を、父と父の職場の人たちは一度も否定しなかっただけでなく、正確にその意図を酌《く》んでこのドレスを縫い上げた。

ワンピースと呼んでも差し支えないほどシンプルでカジュアルなデザインと風通しの良いガーゼの素材は、人前に出ることが苦手な姉の緊張をきっとやわらげてくれるだろう。

「でも、仕上げは清澄くんがやるんやろ?」

自分の手でドレスを仕上げられなくて落ちこんでいた僕に、黒田さんが「刺繍を入れてみては」というアドバイスをくれた。

黒田さんは父の雇い主というか、相棒というか、そんな感じの人だ。僕にとってはある意味、父以上に父のような位置づけの人物でもあるのだが、その微妙なニュアンスを紺野さんに説明できる気がしない。すくなくとも今は。

「図案のことで、まだ悩んでるんです」

とにかく「無難」を重んじる姉を尊重して、裾《すそ》のあたりにだけごく控えめに野の花を刺繍しようと思っていた。白い糸で、近くで見るとそれとわかる程度にさりげなく。でもなにかが違うような気がして、まだひと針もすすめられずにいる。だって僕がしたい刺繍は、そして姉にふさわしいのは「無難」なんかじゃないはずだから。

「でも、式はもう一週間後やで」

「そうなんですけど……」

ドレスはこのままでじゅうぶんすばらしいできばえだ。僕の刺繍で台無しにするようなことがあってはならないと思うと、なおさら手が動かなくなってしまう。

もう時間がない。刺繍を入れるにせよ、入れないにせよ、はやく決めなければならないのに。

口ごもってしまった僕をちらりと見て、紺野さんが咳払いをひとつした。

「質問してもいい?」

「どうぞ」

「そもそも、どういうきっかけで刺繍はじめたん? いや、前から男子の趣味としてはめずらしいんちゃうかなと思ってて」

あ、おかしいとか言うてるわけではないねんで、と【　　　　】身を乗り出してくる紺野さんを「わかってます、わかってます」と押し戻した。刺繍をはじめたきっかけは、祖母がやっていたから。でももちろんそれだけではない。

「刺繍は世界中にあって、それぞれ違う特徴があるんです」

紺野さんが「へえ、そうなん」とふたたび身を乗り出す。

「たとえば日本にはこぎん刺しっていうのがあるんですけど、これってもともと布を丈夫にして暖かくするために糸を重ねたのがはじまりらしくて」

「ほう」

「あとね『背守り』って知ってます? 赤ちゃんの産着の背中に刺繍する習慣があったんですって。いわゆる魔除けです。鶴とか亀とかね、そういう図案を」

「ほう、ほう」

紺野さんが大きく頷《うなず》く。姉はきっと②この人のこういうところを好きになったんだろう。自分がものすごくおもしろい話をしているみたいで、悪い気はしない。

日本だけじゃない。ルーマニアのある地方では、娘が生まれるとすぐにその子の嫁入り道具のシーツや枕カバーに刺繍をはじめる。インドには「ミラーワーク」と呼ばれる鏡を縫いこんだ刺繍の技法がある。鏡が悪いものを反射して身を守ってくれる、と考えられているのだ。

「刺繍はずっと昔から世界中にあって、手法はいろいろ違うのに、③そこにこめられた願いはみんな似てるんです。それってなんか、おもしろいでしょ」

世界中で、誰かが誰かのために祈っている。すこやかであれ、幸せであれ、と。

高校生になってからいろいろな刺繍に関する本を読んだりしているうちに、もっとくわしく刺繍の歴史を知りたいと思うようになった。そこにこめられた人々の思いを、暮らしを、もっと知りたいと。

人に話すのはこれがはじめてだった。目標というほどたしかなものではなかった欲求が、言葉にした瞬間にd輪郭を得た。そうか僕はそんなふうに考えていたのかと、目を瞠《みは》る。輪郭をよりくっきりとしたものにしたくて、もう一度口に出した。

「④知りたいんです、もっと」

「すごいなあ。壮大やなあ」

「いや、壮大って、そんな」

「壮大な弟ができてうれしいわ」

そこまで屈託《くったく》なく喜ばれると⑤こっちが恥ずかしい。身体の向きを変えて、じわじわ熱くなる頬を見られないようにした。

開け放したままの襖から、母がふいに顔をのぞかせた。僕らの話を聞いていたのだろうか。けっして目を合わせようとせず、ココアがふたつのったトレイを捧げ持って入ってくる。お湯を注ぐだけのインスタントのやつで、母は以前からそれを「味はそんなでもないけど簡単なのがええ」と愛飲している。

「ありがとうございます」

紺野さんが正座した姿勢のまま、頭を下げた。母はドレスには一瞥《いちべつ》もくれずに、トレイを紺野さんの脇に置いた。

「清澄くんってすごいですよね。お母さん」

母はなにか言おうとして、はげしく咳《せ》きこむ。風邪をひいたらしく、数日前からずっと咳をしているし、日を追うごとにその咳ははげしさを増している。

でも「だいじょうぶか」と僕は訊《たず》ねないし、⑥母もけっして僕のほうを見ない。涙目のまま、口元を押さえて部屋を出ていってしまった。

「お母さん、だいじょうぶかな」

「あの人、風邪でも仕事休まへんから。なんの意地か知らんけど病院にも行かへんし」

だから治りが遅い。毎年のことだ。だいじょうぶかな、なんて心配する気にもなれないし、それに母のことだから良いタイミングで咳が出てくれたぐらいに思っていそうだ。紺野さんの「すごいですよね」に答えずに済むから。

「母は嫌いなんです。僕が刺繍するのが」

なんでそんなわざわざ悪目立ちするようなことすんの、というのが母の言いぶんだ。僕が学校でからかわれたり、いじめられたりしないか、ずっとそんな心配ばかりしている。

紺野さんはあいまいな微笑みを浮かべて黙っている。僕と母のどちらの肩を持ってもe角《かど》が立つ、といったところだろうか。

（寺地はるな『水を縫う』による）

問一　二重傍線部b「支（え）」・c「無難」・d「輪郭」の読みをひらがなで書きなさい。

問二　二重傍線部a「鼻白んだ」・e「角が立つ」の意味を次の中からそれぞれ一つ選び、記号で答えなさい。

○a「鼻白んだ」

ア　圧倒されてひるんだ　イ　とても興奮した

ウ　何もなかったように振る舞った　エ　軽蔑した態度をとった

○e「角が立つ」

ア　冷静に対応する　イ　えこひいきする

ウ　関係を損なう　エ　手を出す

問三　空欄【　】に入る言葉を次の中から一つ選び、記号で答えなさい。

ア　ぐいぐい　イ　のしのし　ウ　ずしずし　エ　ばたばた

問四　傍線部①「まだひと針もすすめられずにいる」とあるが、その理由として適切なものを次の中から一つ選び、記号で答えなさい。

ア　僕は野の花の刺繍をしようと思っているが、紺野さんが賛成してくれるか分からないから。

イ　姉の結婚式が一週間後に迫ってきたのにドレスが完成しておらず、刺繍ができないことの焦りから。

ウ　姉の考えを尊重して刺繍をしようとしているが、まだ刺繍のデザインが決まっていないから。

エ　姉の考えと僕の考えが違っており、刺繍をどのようにしたらよいか迷っているから。

問五　傍線部②「この人のこういうところ」とあるが、紺野さんのどんな人柄を表していますか。適切なものを次の中から一つ選び、記号で答えなさい。

ア　僕の説明を十分に引き出そうと、熱心に話を聞いてくれるところ。

イ　僕の説明にその都度質問し、何事も詳しく知ろうとするところ。

ウ　僕の言葉に耳を傾けて、大声で大げさに受け入れているところ。

エ　僕の言葉に大きく頷きながら静かに耳を傾けてくれるところ。

問六　傍線部③「そこにこめられた願い」とはどんな願いですか。本文から十五字以内で抜き出し、最初の五字を記しなさい。

問七　傍線部④「知りたいんです、もっと」について、僕がもっと知りたいことを次のようにまとめました。空欄に当てはまる言葉を本文から、Ⅰは五字、Ⅱは三字で抜き出しなさい。

○僕は世界中の刺繍のさまざまな特徴や歴史などに触れることで、そこにこめられた（　Ⅰ　）や（　Ⅱ　）を知りたいと思っている。

問八　傍線部⑤「こっちが恥ずかしい」とあるが、その理由として適切なものを次の中から一つ選び、記号で答えなさい。

ア　「壮大」というふさわしくない言葉でひやかされたから。

イ　目標をもう一度口に出したのでしつこいと思われたから。

ウ　壮大な目標を語るぼくのことを弟として認めてくれたから。

エ　ぼく自身大げさに壮大なことを言ってしまったから。

問九　傍線部⑥「母もけっして僕のほうを見ない」とあるように、母は僕に対して不満を抱いている様子が見られます。その理由をまとめた次の文の空欄に当てはまる言葉を本文から五字以内で抜き出しなさい。

○刺繍に興味を持つ僕が男子の中で（　　）してしまうから。

四

次の文章を読み、後の問いに答えなさい。（設問の都合上、表記を変えている箇所があります。）

今は昔、伊勢のA※御息所《みやすむどころ》のB、未《いま》だ御息所にもならで《ならず》※七条《しちでう》のC后《きさき》のD御許《おほむもと》に①候《さぶら》ひける《お仕えしていたころ》頃ほひ、枇杷《びはの》左《さ》大臣《だいじん》未だ若くして少将にて有りける程に、②いみじく《たいそう》忍びて《人目を忍んで》③通ひ給ひける《お通いになった》を、忍ぶとすれども、④人おのづからほのかにその気色《けしき》を見てけり。

その後、少将通ひ給はずして、⑤音無かりければ、かく読みてなむ《伊勢はこう詠んでおくった》遣《や》りたりける。伊勢、

人知れず絶えな※ましかばわびつつも※なき名ぞとだにいはましものを

と。少将これを見て、「哀れ」など思ひ給ひけむ、返りて《かえって》なむこの度は現はれていみじく思ひて《深く愛してお通いになった》⑥棲《す》み給ひける。

（『今昔物語集』による）

※御息所…宮中で天皇にお仕えする女性。
※七条の后…宇多天皇中宮、藤原温子《ふじわらおんし》のこと。
※ましかば〜まし…「もし〜ならば、〜であろうのに」の意。
※なき名…根も葉もない噂。

問一　波線部「頃ほひ」を現代仮名遣いに直し、すべてひらがなで書きなさい。

問二　二重傍線部A〜Dの「の」の中で、用法が異なるものを一つ選び、記号で答えなさい。

問三　傍線部①「候ひける」・③「通ひ給ひける」・⑥「棲み給ひける」の主語はそれぞれ誰ですか。主語の組み合わせとして適切なものを次の中から一つ選び、記号で答えなさい。

ア　①　伊勢の御息所　③　七条の后　⑥　枇杷左大臣
イ　①　七条の后　③　伊勢の御息所　⑥　七条の后
ウ　①　七条の后　③　人　⑥　作者
エ　①　伊勢の御息所　③　枇杷左大臣　⑥　枇杷左大臣

問四　傍線部②「いみじく忍びて」と反対の意味の表現を本文から抜き出しなさい。

問五　傍線部④「おのづからほのかにその気色を見てけり」とはどういうことですか。適切なものを次の中から一つ選び、記号で答えなさい。

ア　二人の通い合う関係を実際に目撃したということ。
イ　二人の関係性について積極的に調べたということ。
ウ　なんとなく二人の関係を悟ったということ。
エ　人にお願いして二人の仲を探らせたということ。

問六　傍線部⑤「音無かりければ」の現代語訳として適切なものを次の中から一つ選び、記号で答えなさい。

ア　評判が落ちていたので
イ　足音が聞こえてきそうなので
ウ　思いを寄せる人の声が聞こえてこないので
エ　音沙汰《さた》がなかったので

問七　本文の和歌の現代語訳として適切なものを次の中から一つ選び、記号で答えなさい。

ア　他人に知られずにあなた様のことを今でも思い続けております。命が絶えてしまったなどという根も葉もないことは信用してはおりませんので、どうかあなた様の声だけでも聞かせていただけないでしょうか。

イ　人に知られず絶えてしまったというような二人の仲であるのなら、失恋の悲しみに嘆きながらも、あなたとのことはなんでもなかったのですよと言ってやることができましょうに、噂がこうも広まってはそうもできないことですね。

ウ　誰にも悟られずに終わりを迎えた二人の間柄なのであれば、その現実を辛く感じてはいるものの、恋仲であったことは事実無根の話であるとできたでしょうに、今の状態ではお互いに次の新たな恋へと向かうのがよいのでしょうね。

エ　誰にも知られずに私のもとへ通い続けることができたのであれば、こんなことにはならなかったでしょうに。根も葉もない噂が聞こえてくるようですが、今となっては私の心は七条の后に一心にお仕えし続けることにのみあるのですよ。

このページは余白です。

このページは余白です。

受験番号	

日本大学山形高等学校

令和5年度　入学試験

数学問題

時間割

1	国語	9：00～9：50
2	数学	10：20～11：10
3	社会	11：40～12：30
	昼食	12：30～13：10
4	理科	13：10～14：00
5	英語	14：30～15：20

注意事項

1 「開始」のチャイムが鳴るまで，開かないでください。

2 「開始」のチャイムが鳴ったら，解答用紙に受験番号を書いてください。

3 問題冊子は，１ページから７ページまであります。試験開始と同時にページを確認してください。

4 答えは，すべて解答用紙に書いてください。

5 「終了」のチャイムが鳴ったら，すぐに鉛筆を置き，受験番号が書いてある方を表にして，後ろから自分の解答用紙を上にのせて，前の人に渡してください。

6 問題の内容についての質問には一切応じません。それ以外のことについて尋ねたいことがあれば，手をあげて聞いてください。

7 次のものは使用しないでください。

下じき，分度器，計算・単語表示機能・送信機能等の付いた腕時計，携帯電話，ボールペン。ただし，三角・直定規，コンパスは使用してかまいません。

1 次の計算をしなさい。

(1) $10-(-48)\div(-6)$

(2) $\dfrac{28}{\sqrt{7}}+3\sqrt{28}$

(3) $\dfrac{x+y}{2}-\dfrac{2x-y}{4}$

(4) $(6a^2b+ab^2)\div(-3ab)$

2　次の問いに答えなさい。

(1)　$S=\dfrac{1}{2}ab$ を a について解きなさい。

(2)　大小２つのさいころを同時に投げるとき，出た目の数の和が８以上になる確率を求めなさい。

(3)　２次方程式 $x^2-4x-4=0$ を解きなさい。

(4)　$(x-2)^2-(x+4)(x-1)$を簡単にしなさい。

(5)　図のような円錐の高さと体積を求めなさい。

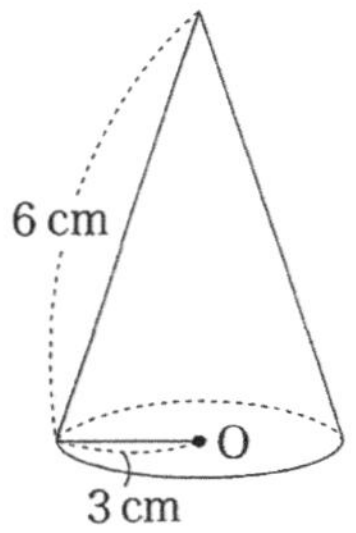

(6)　連立方程式 $\begin{cases} 2x+y=2 \\ \dfrac{1}{3}x+\dfrac{1}{4}y=1 \end{cases}$ を解きなさい。

3 図のように，直線 ℓ は $y=-\frac{4}{9}x+8$ のグラフであり，直線 m は傾きが $\frac{1}{3}$ のグラフである。直線 ℓ と直線 m は x 座標が9である点Pで交わっている。直線 ℓ と x 軸，y 軸との交点をそれぞれA，Bとし，直線 m と x 軸との交点をCとする。このとき，次の問いに答えなさい。

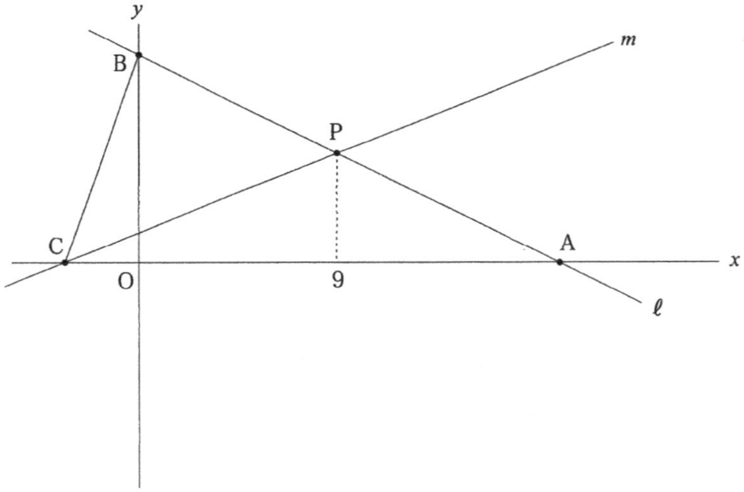

(1) 直線 m の式を求めなさい。

(2) △PBCの面積を求めなさい。

(3) △PBC＝△PCDとなる点Dを y 軸上にとる。ただし，点Dの y 座標は負の数とする。このとき，直線ADの式を求めなさい。

4 図のように，関数 $y=\frac{1}{2}x^2$のグラフ上に２点A，Pがあり，２点A，Pの x 座標はそれぞれ－4，a である。点Pから y 軸に引いた垂線と y 軸との交点をQとするとき，次の問いに答えなさい。ただし，$a>0$ とし，点Oは原点とする。

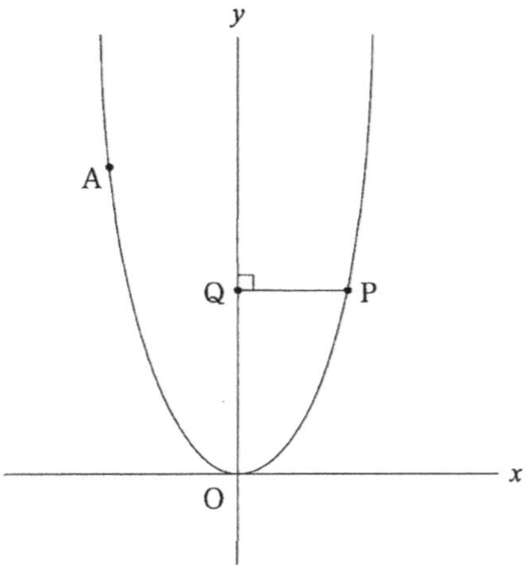

(1) 点Aの y 座標を求めなさい。

(2) $a=\sqrt{6}$ のとき，２点A，Qを通る直線の式を求めなさい。

(3) OQ＋3QP＝２となるとき，a の値を求めなさい。

5 図のように，直方体ABCD－EFGHにおいて，∠AFE＝60°，∠EFH＝45°，DH＝６である。このとき，次の問いに答えなさい。

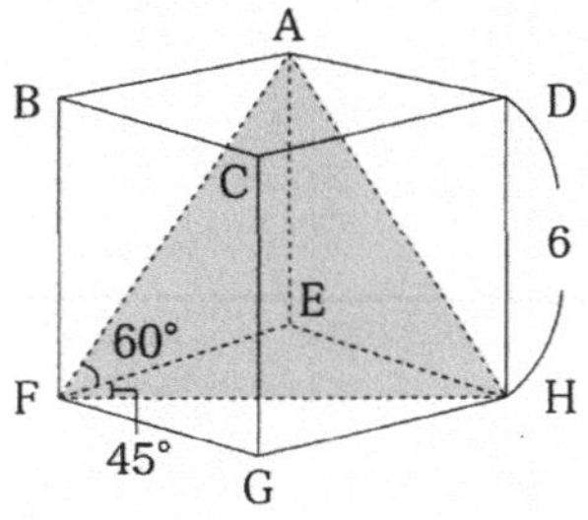

(1) AHの長さを求めなさい。

(2) △AFHの面積を求めなさい。

(3) 三角錐A－EFHの体積を求めなさい。

(4) 頂点Ｅから面AFHに垂線を引き，その交点をＩとするとき，線分EIの長さを求めなさい。

6 図のように，各頂点が円Oの円周上にある1辺が$\sqrt{6}$の正十二角形について，次の問いに答えなさい。

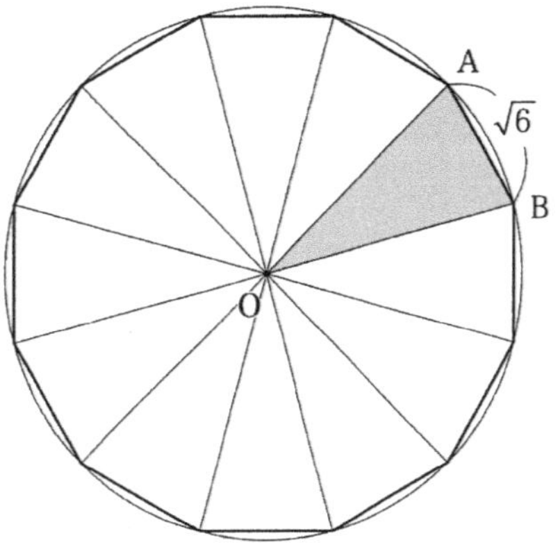

(1) △AOBにおいて，∠AOBの大きさを求めなさい。

(2) △AOBの辺OB上にOC＝ACとなるように点Cをとる。このとき，∠CABの大きさを求めなさい。

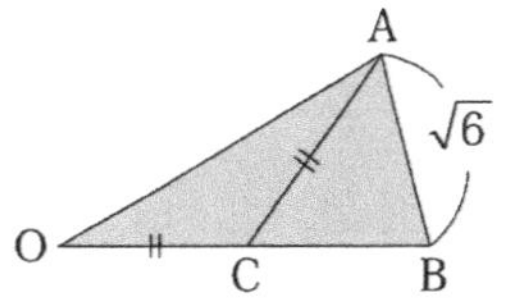

(3) 点Bから辺ACに垂線を引き，その交点をDとする。このとき，CDの長さを求めなさい。

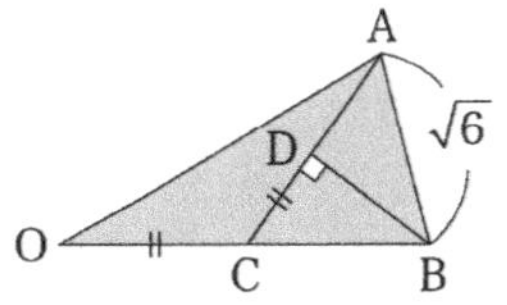

(4) 円Oの半径の長さを求めなさい。

このページは余白です。

受験番号	

日本大学山形高等学校

令和５年度　入学試験

社会問題

時間割

1	国語	9：00～9：50
2	数学	10：20～11：10
3	社会	11：40～12：30
	昼食	12：30～13：10
4	理科	13：10～14：00
5	英語	14：30～15：20

注意事項

1　「開始」のチャイムが鳴るまで，開かないでください。

2　「開始」のチャイムが鳴ったら，解答用紙に受験番号を書いてください。

3　問題冊子は，１ページから11ページまであります。試験開始と同時にページを確認してください。

4　答えは，すべて解答用紙に書いてください。

5　「終了」のチャイムが鳴ったら，すぐに鉛筆を置き，受験番号が書いてある方を表にして，後ろから自分の解答用紙を上にのせて，前の人に渡してください。

6　問題の内容についての質問には一切応じません。それ以外のことについて尋ねたいことがあれば，手をあげて聞いてください。

7　次のものは使用しないでください。

　下じき，分度器，計算・単語表示機能・送信機能等の付いた腕時計，携帯電話，ボールペン。

1 以下の問いに答えなさい。

図1

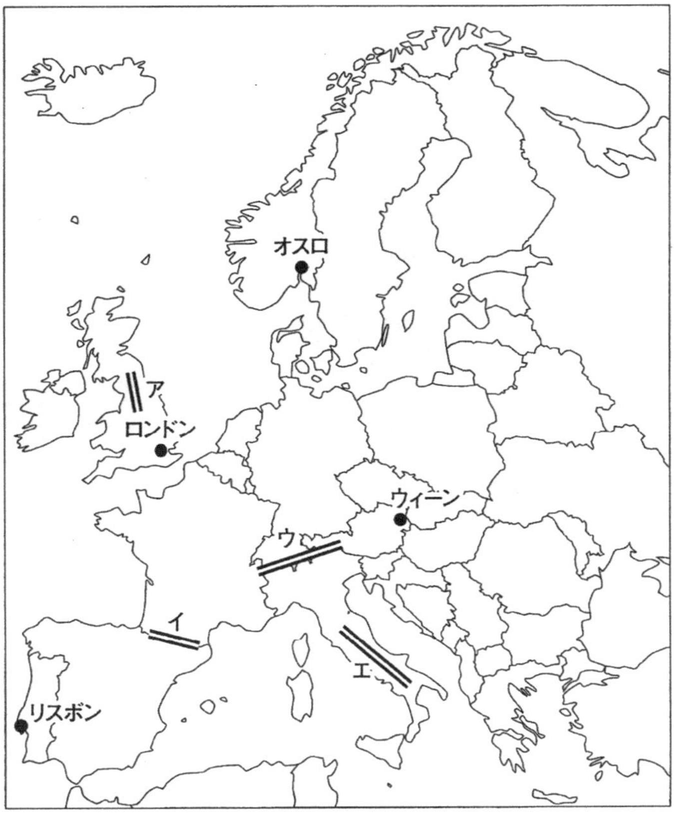

問1 **図1**中のオスロが1月27日20：00の時，日本の日時を求めなさい。ただし，オスロは東経15度の経線を標準時子午線としている。

問2 **図1**中の●は首都であるオスロ，ロンドン，ウィーン，リスボンをそれぞれ示している。これらの都市の中で，山形県山形市の緯度に最も近い都市名を答えなさい。

問3 **図1**中の ═══ で示されている山脈の中で，アルプス＝ヒマラヤ造山帯に**当てはまらないもの**を，図中**ア～エ**から一つ選び，記号で答えなさい。

問4 下図**ア～エ**の雨温図は，**図1**中の都市であるオスロ，ロンドン，ウィーン，リスボンのいずれかを示している。リスボンの雨温図として正しいものを，下図**ア～エ**から一つ選び，記号で答えなさい。

ア

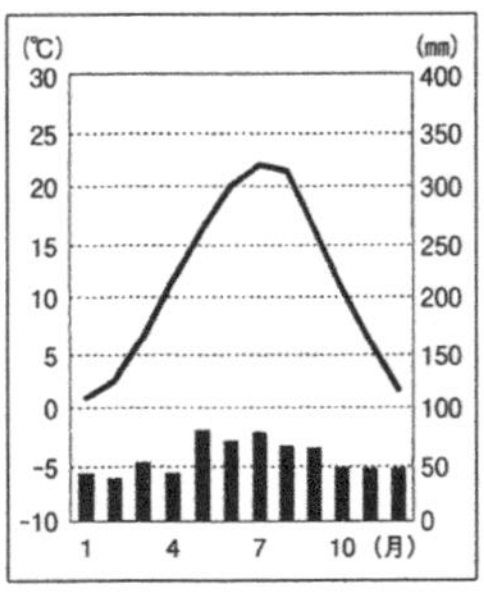

イ

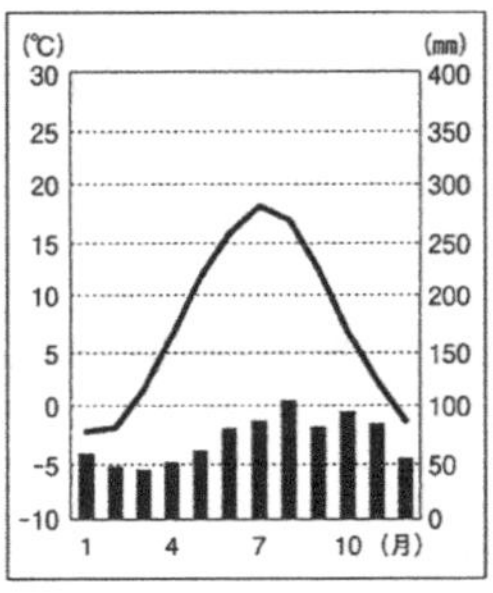

ウ

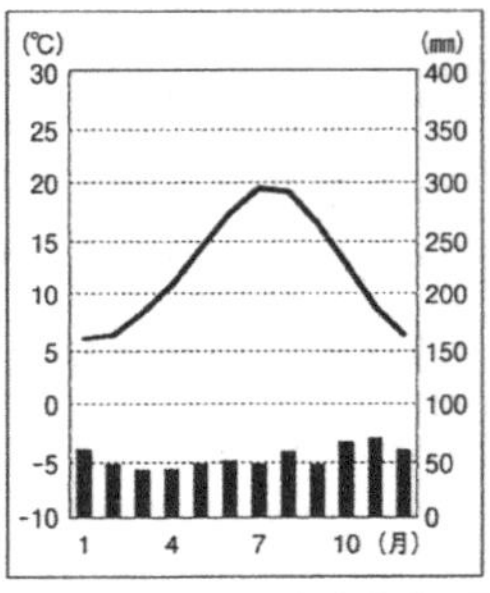

エ

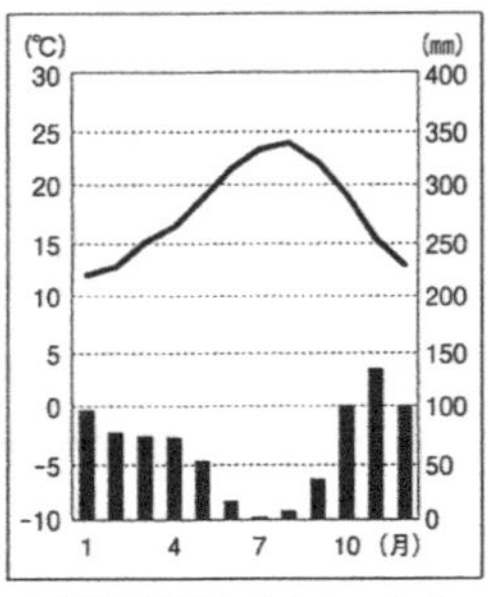

気象庁「世界の地点別平年値」をもとに作成

問5　ヨーロッパで使用されている言語は，ゲルマン系言語，ラテン系言語，スラブ系言語のおよそ三つの系統に分けることができる。**表1**は，数字の1～3，10，100をドイツ語（ゲルマン系言語），フランス語（ラテン系言語），ポーランド語（スラブ系言語），オランダ語でそれぞれ示している。オランダ語はゲルマン系言語，ラテン系言語，スラブ系言語のどれに分類されるか答えなさい。

表1

	1	2	3	10	100
ドイツ語 （ゲルマン系言語）	eins	zwei	drei	zehn	hundert
フランス語 （ラテン系言語）	un	deux	trois	dix	cent
ポーランド語 （スラブ系言語）	jeden	dwa	trzy	dziesięć	sto
オランダ語	een	twee	drie	tien	honderd

問6　ヨーロッパでは，各地域の自然環境に合わせて農業が行われている。アルプス山脈より北側の地域において，小麦やライ麦などの穀物の栽培，ビート（てんさい）などの飼料作物の栽培，豚や牛などの家畜の飼育を組み合わせた農業を何というか，**漢字**で答えなさい。

問7　ヨーロッパにおける鉱工業の特徴について述べた文として**適切でないもの**を，次の**ア～エ**から一つ選び，記号で答えなさい。

ア　鉄鉱石や石炭など地域にある資源を活用し，イギリスやフランス，ドイツを中心に世界で最初の工業が発達した。

イ　1960年代のエネルギー革命により石油の需要が高まると，原油が豊富に産出する内陸部で工業が発達した。

ウ　先端技術産業も成長しているが，衣料品，皮革製品など職人によって生産される伝統的な工業も行われている。

エ　国際分業も行われており，フランスやドイツではEU各国で製造された部品で航空機の組み立てが行われている。

問8　**表2**は，日本とヨーロッパのいくつかの国における発電方法割合（%）を示している。表を見ると，ヨーロッパのいくつかの国では日本に比べて，風力発電の割合が高いことが分かる。この理由について述べた下の文中の空欄□に当てはまる語句を**漢字**で答えなさい。

表2

	火力	原子力	水力	風力	地熱	太陽光	その他
日　本	71.9	6.1	8.3	0.7	0.3	6.6	6.1
オランダ	76.0	3.2	0.1	9.5	—	4.4	6.8
スウェーデン	1.0	39.3	38.8	11.8	—	0.4	8.7
スペイン	40.5	21.4	9.8	20.4	—	5.5	2.4
ドイツ	45.5	12.3	4.2	20.7	—	7.6	9.7

「データブック・オブ・ザ・ワールド2022」をもとに作成

ヨーロッパでは，1年を通じて□が安定的に吹いているため，風力発電が発達している。

2　以下の問いに答えなさい。

図１

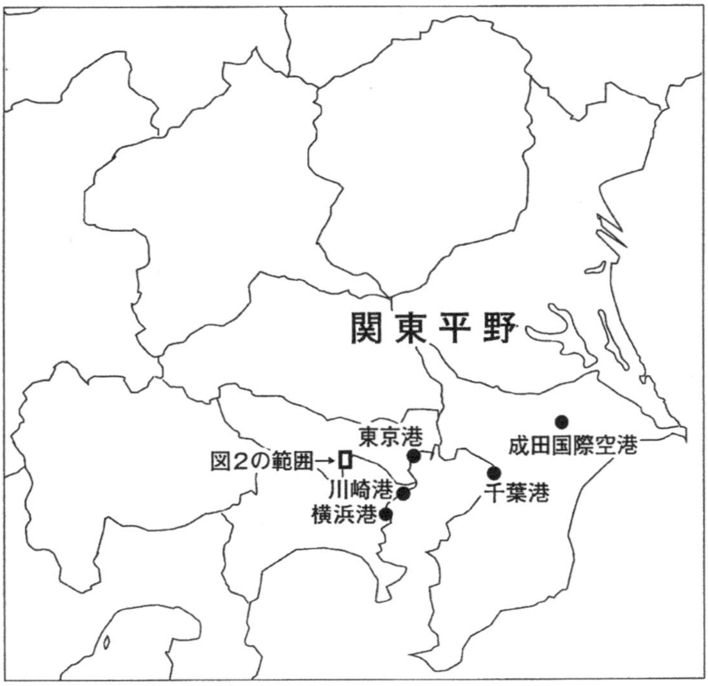

問１　**図１**中の関東平野には，富士山などの噴火によって噴出された，大量の火山灰などが堆積してできた赤土が広がっている。この赤土を何というか答えなさい。

問２　**表１**は，**図１**中に位置するいくつかの貿易港（成田国際空港，東京港，横浜港，千葉港，川崎港）における，主な輸入品と，その輸入額に占める割合（%）である。表中の（　**X**　）には同じ輸入品が入る。表中（　**X**　）に当てはまる品目を**漢字２字**で答えなさい。

表１

成田国際空港		東京港		横浜港		千葉港		川崎港	
通信機	14.1	衣類	8.9	（　X　）	6.3	（　X　）	51.7	液化ガス	29.2
医薬品	13.3	コンピュータ	6.2	有機化合物	3.4	液化ガス	15.6	（　X　）	21.3
コンピュータ	9.8	肉類	4.5	液化ガス	3.4	自動車	8.9	肉類	18.0
集積回路	8.0	魚介類	4.0	衣類	2.9	鉄鋼	3.8	魚介類	5.7
科学光学機器	6.3	音響・映像機器	3.6	アルミニウム	2.8	肉類	2.8	鉄鉱石	3.3
127436億円		109859億円		40459億円		24778億円		18198億円	

「データブック・オブ・ザ・ワールド2022」をもとに作成

問３　**表２**は，印刷業における都道府県別製造品出荷額割合の上位６都道府県を示している。**表２**から出荷額割合は，東京都，大阪府，愛知県など，大都市を有する都道府県で高いことが分かる。この理由について述べた文として最も適切なものを，次の**ア**～**エ**から一つ選び，記号で答えなさい。

ア　大都市の中心部に製紙工場があり，通勤に便利だから。

イ　大都市には膨大な情報が集まり，出版社などが多いから。

ウ　郊外の山地では林業が発達し，木材伐採量も多いから。

エ　印刷業は，漆器や陶磁器などと同じく伝統工芸であるから。

表２

印刷業における都道府県別製造品出荷額割合（%）	
東京都	15.3
埼玉県	14.5
大阪府	9.3
愛知県	6.4
京都府	4.3
福岡県	3.8
計　48453億円	

「2022　工業統計表」をもとに作成

問4　東京都に位置する世界自然遺産に登録されている地域として正しいものを，次の**ア～エ**から一つ選び，記号で答えなさい。

ア　知床半島　　**イ**　白神山地　　**ウ**　小笠原諸島　　**エ**　屋久島

問5　**図2**は**図1**中の **□** で示された地域の地形図である。**図2**を見て，以下のⅠ～Ⅲの各問いに答えなさい。

Ⅰ　**図2**中の多摩市役所から小田急永山駅までの地図上での長さは，3.2cmであった。実際の距離を求めなさい。ただし，**単位はm（メートル）で答えること。**

Ⅱ　**図2**から読み取れることとして**適切でないもの**を，次の**ア～エ**から一つ選び，記号で答えなさい。

ア　標高差が50m以上もあり，起伏の多い地域である。

イ　京王永山駅から北に進むと，裁判所がある。

ウ　南部の豊ヶ丘や永山には，団地やマンションがある。

エ　図中に小・中学校はあるが，高等学校はない。

図2

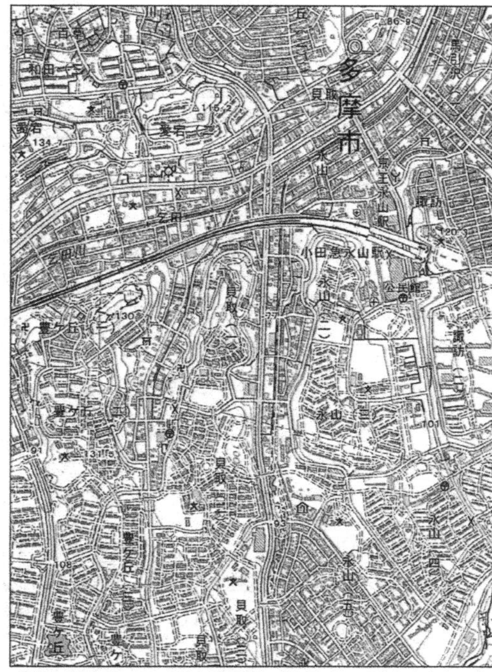

「電子地形図25000（国土地理院）〔縮尺1/25,000〕」をもとに作成

Ⅲ　**表3**は，**図2**の範囲である多摩ニュータウンが位置する，東京都多摩市の1985年と2020年の人口ピラミッドである。この表から読み取れることや考えられることとして**適切でないもの**を，次の**ア～エ**から一つ選び，記号で答えなさい。

ア　1985年では，30～40歳代の親とその子供からなる世帯の割合が多い。

イ　2020年では，老年人口が多く年少人口が少ない高齢化や少子化が進んでいる。

ウ　2020年では，1985年に比べて小中学校数や学級数が増加している。

エ　1985年の35～40歳には，第1次ベビーブームの時期に生まれた人もいる。

表3

1985年　　2020年

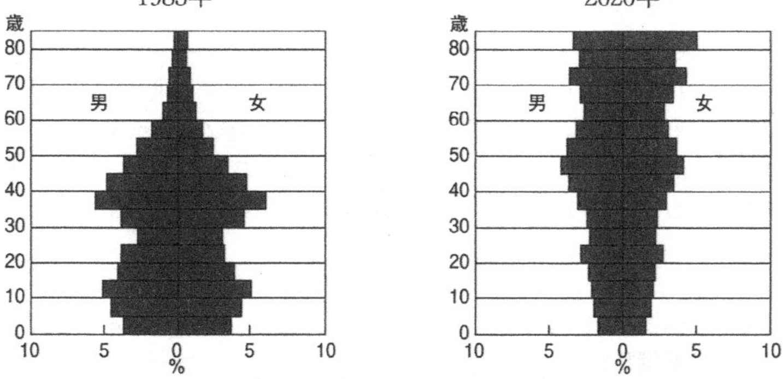

総数 122,135人　　総数 146,951人

「昭和60年，令和2年国勢調査結果」（総務省統計局）を加工して作成

3　一郎さんのクラスでは，公民分野の学習のなかで，班ごとにテーマを決め，調べた内容の発表を行った。次のメモは，その際に使用したものの一部である。これを見て，以下の問いに答えなさい。

テーマ　「現代社会の特色と諸課題への取り組みについて」
内　容　①グローバル化
　　　　②共生社会

テーマ　「日本の若者の政治参加と選挙について」
内　容　③選挙権年齢や成年年齢などの引き下げ
　　　　④日本の選挙の基本原則

テーマ　「日本国憲法と人権について」
内　容　三大基本原理
　　　　⑤基本的人権と新しい人権

テーマ　「三権分立について」
内　容　⑥日本の国会・内閣・裁判所の役割
　　　　権力分立の意義

テーマ　「地方自治と私たち」
内　容　国と地方公共団体の役割
　　　　⑦地方自治の仕組みと財政

問１　下線部①に関して，地域主義の動きの一つである，1989年に発足した太平洋に面した21の国と地域からなる政府間協力の枠組みを，次の**ア～オ**から一つ選び，記号で答えなさい。

ア　ASEAN　　**イ**　AU　　**ウ**　TPP　　**エ**　MERCOSUR　　**オ**　APEC

問２　下線部②に関して，人間社会で起こる様々な対立を解消し，よりよい合意を作るためには「効率」や「公正」の面から考えることが大切である。「効率」の考え方について説明したものを，次の**ア～エ**から一つ選び，記号で答えなさい。

ア　みんなのお金や物，時間，労力などが無駄なく使われているか。
イ　他の人の権利や利益を不当に侵害していないか。
ウ　みんなが決定に参加する機会があり，決め方が納得できるものになっているか。
エ　立場が変わっても，その決定を受け入れられるか。

問３　下線部③に関して，次の文章の空欄（　a　）～（　c　）に当てはまる語句の組合せとして正しいものを，次の**ア～ク**から一つ選び，記号で答えなさい。

近年，日本では（　a　）の改正手続きにおける国民投票の投票権年齢や，（　b　）の選挙権年齢が満18歳以上と定められるなど，18歳，19歳の若者にも国政上の重要な事項の判断に参加してもらうための政策が進められてきた。また，こうした流れを踏まえ，2018年６月に市民生活に関する基本法である（　c　）が改正され，成年年齢が18歳に引き下げられ，2022年４月１日に施行された。

ア　a－憲法　b－普通選挙法　c－民法　　**イ**　a－憲法　b－公職選挙法　c－民法
ウ　a－条約　b－公職選挙法　c－民法　　**エ**　a－条約　b－普通選挙法　c－刑法
オ　a－憲法　b－普通選挙法　c－刑法　　**カ**　a－条約　b－公職選挙法　c－刑法
キ　a－条約　b－普通選挙法　c－民法　　**ク**　a－憲法　b－公職選挙法　c－刑法

問4　下線部④に関して，性別や財産などに関係なく，満18歳以上のすべての国民に選挙権を保障する原則を，次の**ア〜エ**から一つ選び，記号で答えなさい。

ア　平等選挙　　**イ**　普通選挙　　**ウ**　秘密選挙　　**エ**　直接選挙

問5　下線部⑤に関して，憲法で保障されている社会権に含まれるものを，次の**ア〜エ**から一つ選び，記号で答えなさい。

ア　財産権の保障　　**イ**　裁判を受ける権利　　**ウ**　教育を受ける権利　　**エ**　請願権

問6　下線部⑥に関する文章として正しいものを，次の**ア〜エ**から一つ選び，記号で答えなさい。

ア　裁判所には，国会が制定した法律や，内閣が作る命令，規則，処分に関する違憲審査を行う権限があり，特に最高裁判所はその最終的な決定権を持つことから「憲法の番人」と呼ばれている。

イ　特別会（特別国会）は，内閣が必要と認めたとき，または，いずれかの議院の総議員の4分の1以上の要求があった場合に召集される。

ウ　内閣には，裁判官としての務めを果たさなかったり，ふさわしくない行いをしたりした裁判官に対する弾劾裁判所が設置されている。

エ　内閣総理大臣は，国会議員の中から国会の議決によって任命され，また，各国務大臣も国会議員の中から内閣総理大臣が任命して内閣を組織している。

問7　下線部⑦に関して，自主財源だけではまかなえない分を補う依存財源の中で，地方公共団体間の財政の格差をおさえるために国から配分されるものを何というか，**漢字**で答えなさい。

4　健太さんのクラスでは「持続可能な開発目標（SDGs）」について学びを深めようとグループ学習を行った。健太さんの班の５人はそれぞれ次に示す５つに着目し，関連することについて調べた。以下の問いに答えなさい。

問１　健太さんは「３ すべての人に健康と福祉を」に着目し，日本の財政と社会保障について調べた。日本の社会保障制度の特徴を説明した文として最も適切なものを，次の**ア～エ**から一つ選び，記号で答えなさい。

ア　日本の社会保障給付費は年々減少しているが，そのなかでも年金の割合は大きくなっている。
イ　日本の社会保障給付費の財源の８割以上が公費負担となっている。
ウ　日本の介護保険制度は45歳以上の人の加入が義務付けられている。
エ　日本は社会保障費の増加に対応するために，2019年に消費税率を８％から10％に引き上げた。

問２　咲良さんは「８ 働きがいも経済成長も」に着目し，「豊かさ」を測る指標に「GDP」や「より良い暮らし指標」があることを知った。「GDP」や「より良い暮らし指標」について述べた文として**誤っているもの**を，次の**ア～エ**から一つ選び，記号で答えなさい。

ア　「より良い暮らし指標」とは経済協力開発機構が作成した指標である。
イ　1955年からの高度経済成長ではGDPが年平均で10％程度の成長が続いた。
ウ　「より良い暮らし指標」は「健康・医療」「環境」「生活満足度」など11項目を基に算出される。
エ　GDPとは一定期間内に国民が生み出した財やサービスの付加価値の合計のことをいう。

問３　咲良さんは「働きがい」から労働について興味を持った。右の表は様々な雇用形態についてまとめたものである。表中の空欄**(ア)～(オ)**には「契約労働者」「派遣労働者」「パート・アルバイト」「正規労働者」「非正規労働者」のいずれかがはいる。「**契約労働者**」が当てはまるものを，表中の記号**ア～オ**から一つ選び，記号で答えなさい。

(ア)		期間の定めのない労働契約の労働者
(イ)	(ウ)	一週間の所定労働時間が正規の労働者よりも短い労働契約の労働者
	(エ)	短期間（原則３年以内）の労働契約の労働者
	(オ)	人材派遣会社と労働契約を結び，他の企業に派遣されて働く労働者

問４　海斗さんは「９ 産業と技術革新の基盤をつくろう」について学び，社会資本の重要性に気が付いた。日本における財政の役割のうち「民間企業だけでは十分に供給されない社会資本や公共サービスを供給することで，市場の働きを補うこと」を何というか，次の**ア～エ**から一つ選び，記号で答えなさい。

ア　所得の再分配　　**イ**　市場経済における公正さの確保
ウ　資源配分の調整　　**エ**　景気の安定化

問５　隆史さんは「11 住み続けられるまちづくりを」に着目し，女性や子ども，障がいのある人，お年寄りなど，弱い立場にある人びとが安心して暮らせるまちづくりが必要だと考えた。日本は高齢化や少子化に伴って地域経済の衰退という課題を抱えている。次のカードはこの課題の対応策のひとつについてまとめたものである。カードが説明している対応策を**カタカナ**で答えなさい。

> 都市の中心にある市街地や，駅などがある地域に，住宅地や病院，福祉施設，図書館などの社会資本を集め効率的に利用する考え方や政策のこと。人口密度が高まり，人々の交流も盛んになることで，地域経済は活性化し，都市の活力が維持できる。また都市が小さくまとまることで自動車の利用も減り，排気ガスなどの汚染物質が減り，環境問題への解決につながるという利点も考えられる。

問６　隆史さんは「まちづくり」に着目する中で，地方公共団体や地元企業が外国との交流を盛んに行っていることを知った。外国とのかかわりや貿易，為替について説明した文として**誤っているもの**を，次の**ア～エ**から一つ選び，記号で答えなさい。

ア　日本の外国人労働者の届け出数は年々増えており，その数は現在100万人以上にのぼる。

イ　円高は日本企業による海外への輸出や，日本への外国人旅行者に有利に働く。

ウ　企業や工場などの生産拠点を海外に移すことで，国内産業が衰退することを産業の空洞化という。

エ　それぞれの国や地域が，有利な条件で生産できるものを貿易によって交換し合うことを国際分業という。

問７　優子さんは「17 パートナーシップで目標を達成しよう」について着目し，資金や技術を必要としている国々への援助について調べた。次の**【資料Ⅰ】【資料Ⅱ】**から読み取れる内容として正しいものを，次の**ア～エ**から一つ選び，記号で答えなさい。

【資料Ⅰ】主な先進国のODA

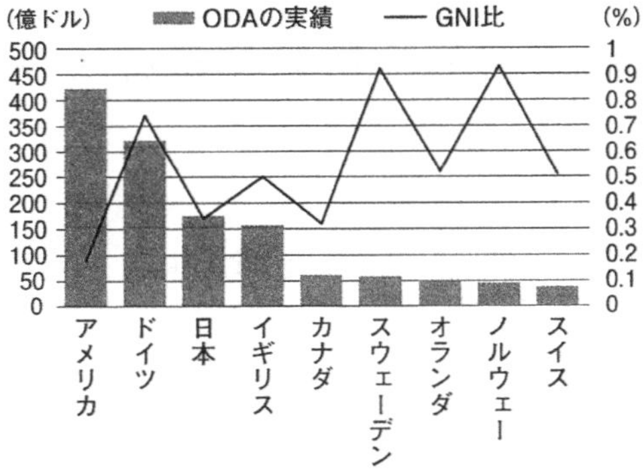

「世界国勢図会2022/23年度版」より作成

【資料Ⅱ】日本の二国間ODAの地域別割合

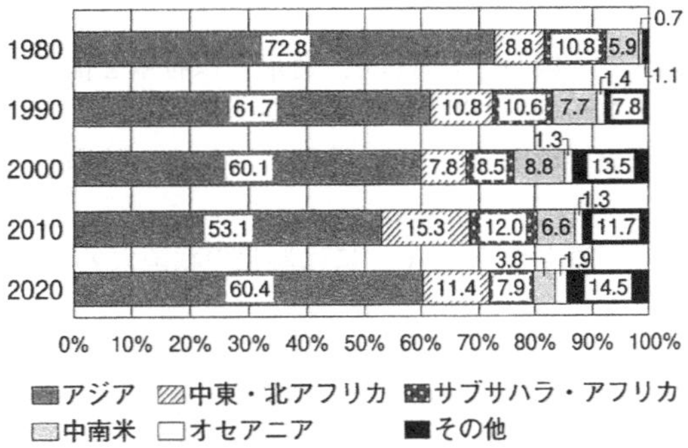

「開発協力白書」より作成

ア　援助額が最も高いのはアメリカで，GNI比が最も高いのはドイツである。

イ　ドイツ，スウェーデン，ノルウェーはGNI比で0.7％のODA量を確保できている。

ウ　日本の二国間ODAで「アジア」の次に高い割合の地域は，表中のいずれの年も「中東・北アフリカ」である。

エ　日本の「アジア」へのODAの地域別割合は，1980年以降年々減少している。

5　次の資料は，日本の出来事を年代の古い順から並べたものである。これを読んで，以下の問いに答えなさい。

○　①聖徳太子（厩戸皇子）が蘇我馬子と協力しながら，天皇を中心とした政治制度を整えようとした。
○　中大兄皇子が②大化の改新と呼ばれる改革を始めた。
○　北条時宗が③元の襲来を受けた。
○　足利義満が，④室町に幕府を移した。
○　［　A　］が今川義元を桶狭間の戦いで破った。
○　徳川家康が，征夷大将軍に任命され，⑤江戸に幕府を開いた。
○　⑥徳川吉宗が，享保の改革と呼ばれる改革を始めた。

問１　下線部①の人物が行った政策として**誤っているもの**を，次の**ア～エ**から一つ選び，記号で答えなさい。

ア　十七条の憲法を定めた。
イ　大宝律令を制定した。
ウ　冠位十二階の制を定めた。
エ　遣隋使を隋につかわした。

問２　次の**ア～エ**は下線部②がおこった年から，鎌倉幕府の成立までの期間におこった出来事である。この出来事を年代の古い順に正しく並べ，記号で答えなさい。

ア　桓武天皇が平安京に都を移した。
イ　藤原道長による摂関政治が全盛期となった。
ウ　白村江の戦がおこった。
エ　壬申の乱がおこった。

問３　下線部③に関して，モンゴル帝国の支配者で中国を支配下におき，中国風の名称の「元」に国号を変え，都を大都に定めた人物は誰か，次の**ア～エ**から一つ選び，記号で答えなさい。

ア　チンギス＝ハン　　**イ**　マルコ＝ポーロ　　**ウ**　フビライ＝ハン　　**エ**　マゼラン

問４　下線部④に関して，幕府には将軍を補佐する役職がおかれたが，その役職とは何か，次の**ア～エ**から一つ選び，記号で答えなさい。

ア　執権　　**イ**　守護　　**ウ**　地頭　　**エ**　管領

問５　資料中の［　A　］には尾張の戦国大名で，「天下布武」をとなえて全国統一を目指し，また壮大な天守を持つ安土城を築いた人物が入るが，その人物名を**漢字４字**で書きなさい。

問６　下線部⑤に関して，次のａ，ｂの問いに答えなさい。

ａ　大名が江戸幕府から領地を与えられ，その領地を支配する体制を何というか，次の**ア～エ**から一つ選び，記号で答えなさい。

ア　廃藩置県　　**イ**　幕藩体制　　**ウ**　知行国制　　**エ**　版籍奉還

b　江戸幕府の政治について述べた次の文の［ X ］と［ Y ］にあてはまる語句の組み合わせとして正しいものを，次の**ア～エ**から一つ選び，記号で答えなさい。

> 幕府の政治は，当初［ X ］によって大名の築城や結婚などの規制を設けて大名を統制する，権力でおさえつける政治であった。その後，５代将軍［ Y ］の時，儒学のなかでも上下関係を大切にする朱子学などの学問を重視する政治に転換するようになった。

ア　X－武家諸法度　Y－徳川綱吉
イ　X－御成敗式目　Y－徳川家光
ウ　X－武家諸法度　Y－徳川家光
エ　X－御成敗式目　Y－徳川綱吉

問７　下線部⑥の人物について，彼は徳川家の親戚にあたる大名出身であるが，このような徳川家一門の大名を何というか，次の**ア～エ**から一つ選び，記号で答えなさい。
ア　譜代大名　**イ**　外様大名　**ウ**　親藩大名　**エ**　守護大名

6

次の年表は，日本と関係が深い中国の近現代についてまとめたものである。年表を見て，以下の問いに答えなさい。

年　号	おもなできごと	
１８４０年	①アヘン戦争が始まる	
		(a)
１８９４年	②日清戦争が始まる	
		(b)
１９１１年	③辛亥革命がおこる	
		(c)
１９３１年	④満州事変が始まる	
		(X)
１９４９年	⑤中華人民共和国の建国	
		(d)
１９７２年	⑥日中共同声明の調印	

問１　下線部①に関して，19世紀のイギリスでおきた出来事として，最も適切なものを次の**ア～エ**から一つ選び，記号で答えなさい。
ア　議会を無視して政治を続ける国王と議会との間で内戦がおこり，議会側がクロムウェルの指導で勝利した。
イ　綿織物だけでなく，製鉄，鉄道，造船などの産業も急速に発展し，「世界の工場」とよばれるようになった。
ウ　新しく発足した国際連合において，アメリカとともに安全保障理事会の常任理事国になった。
エ　国王の専制的な政治に対して議会が王を追放し新しい王を迎えた。また，国王の権限を制限し，議会の権限を認める権利章典を定めた。

問２　下線部②に関して，三国干渉によって日本が清国へ返還した場所と，フランス・ドイツ以外で干渉を行った国の組み合わせとして正しいものを，次の**ア～ク**から一つ選び，記号で答えなさい。
ア　山東半島－イギリス　**イ**　台湾－イギリス　**ウ**　遼東半島－イギリス
エ　澎湖諸島－イギリス　**オ**　山東半島－ロシア　**カ**　台湾－ロシア
キ　遼東半島－ロシア　**ク**　澎湖諸島－ロシア

問３　下線部③に関して，右の写真の人物は亡命していた東京で清国を倒す運動を行い，三民主義を唱えた人物である。この人物名を**漢字**で書きなさい。

問４　下線部④について，次の**ア〜エ**は，この事変が始まった後の（　**X**　）の時期における日本の動向である。**ア〜エ**を年代の古い順に並べ替えた時に，３番目になる出来事を記号で答えなさい。

ア　満州国建国　　　**イ**　真珠湾攻撃
ウ　国際連盟脱退　　**エ**　日独伊三国同盟の締結

問５　下線部⑤に関して，中華人民共和国が建国された時の日本の首相で，後にサンフランシスコ平和条約の調印を行った人物は誰か，次の**ア〜エ**から一つ選び，記号で答えなさい。

ア　池田勇人　　**イ**　田中角栄　　**ウ**　吉田茂　　**エ**　岸信介

問６　次の文**ア〜エ**は，表中の（　**a**　）〜（　**d**　）の各時期における日本の状況について説明したものである。このうち（　**c**　）にあてはまるものを一つ選び，記号で答えなさい。

ア　シベリア出兵を見こした米の買い占めから米の値段が上がると，安い米を求めて全国各地で騒動がおこった。

イ　戊辰戦争がおこると，全国各地で旧幕府軍と新政府軍が戦いとなり，新政府軍が函館での戦いで旧幕府軍を破り，国内を平定した。

ウ　在日アメリカ軍が朝鮮戦争に出兵すると，占領統治下であった日本ではGHQの指令により警察予備隊が作られた。

エ　日露戦争では多数の犠牲者を出しながらも勝利したが，ロシアからの賠償金を得ることはできなかった。

問７　次の表は下線部⑥以降の，海外在留日本人人口の推移をあらわしたものである。表中の**A国〜C国**は，アメリカ合衆国，ブラジル，中国のいずれかである。その中で中国はどれか，**A国〜C国**から一つ選びなさい。

（単位：千人）

	1980	1990	2000	2010	2020
A国	121	236	298	388	426
B国	6	8	46	132	111
オーストラリア	5	15	38	71	97
タイ	6	14	21	47	81
カナダ	12	22	34	54	70
イギリス	11	44	53	62	63
C国	142	105	75	58	49
ドイツ	14	21	25	36	41
フランス	7	15	26	27	37
韓国	3	6	16	29	40
シンガポール	8	13	23	25	36
総数	445	620	812	1143	1357
長期滞在者	194	374	527	759	827
永住者	252	246	285	385	529

（「外務省領事局政策課の資料より作成」）

受験番号	

日本大学山形高等学校

令和5年度　入学試験

理科問題

時間割

1	国語	9：00〜9：50
2	数学	10：20〜11：10
3	社会	11：40〜12：30
	昼食	12：30〜13：10
4	理科	13：10〜14：00
5	英語	14：30〜15：20

注意事項

1 「開始」のチャイムが鳴るまで，開かないでください。

2 「開始」のチャイムが鳴ったら，解答用紙に受験番号を書いてください。

3 問題冊子は，1ページから7ページまであります。試験開始と同時にページを確認してください。

4 答えは，すべて解答用紙に書いてください。

5 「終了」のチャイムが鳴ったら，すぐに鉛筆を置き，受験番号が書いてある方を表にして，後ろから自分の解答用紙を上にのせて，前の人に渡してください。

6 問題の内容についての質問には一切応じません。それ以外のことについて尋ねたいことがあれば，手をあげて聞いてください。

7 次のものは使用しないでください。

下じき，分度器，計算・単語表示機能・送信機能等の付いた腕時計，携帯電話，ボールペン。

1 太郎君は誤ってミョウバンに少量の塩（塩化ナトリウム）を混ぜてしまった。太郎君は理科の授業で習った方法を利用して，ミョウバンと塩を分けることを考えた。次の問いに答えなさい。

(1) 太郎君が授業で習った，混合物を分ける方法の一つである「再結晶」は，物質のどのような性質の違いを利用したものか。漢字で答えよ。

(2) ミョウバンと塩の混合物からできるだけたくさんの純粋なミョウバンを取り出すために，太郎君は再結晶を行った。具体的な操作として正しいものを，次の**ア**～**コ**から**操作順**に３つ選び，記号で答えよ。

ア できるだけ多量の熱湯を入れて混合物を溶かす。
イ できるだけ少量の熱湯を入れて混合物を溶かす。
ウ 沸騰石を入れた試験管に，混合物の水溶液を８割程度まで入れる。その試験管に温度計と長いゴム管のついたゴム栓を取りつける。
エ 沸騰石を入れた試験管に，混合物の水溶液を３割程度まで入れる。その試験管に温度計と長いゴム管のついたゴム栓を取りつける。
オ 混合物の水溶液をゆっくりと温める。
カ 混合物の水溶液をゆっくりと冷やす。
キ 混合物の水溶液をガラス棒を伝わらせて，静かにろ紙上に注ぐ。
ク 混合物の水溶液を勢いよく，ろ紙上に注ぐ。
ケ ゴム管の先端を空の試験管に差し込み，その試験管を熱湯に浸す。
コ ゴム管の先端を空の試験管に差し込み，その試験管を氷水に浸す。

2 次郎君は水の電気分解の実験を行うため，**図1**のような装置を組んで純水をいっぱいにして電源装置のスイッチを入れたが，小さな泡が観察できなかった。先生に間違いを指摘され，指示されたことを行ってから再度挑戦したところ小さな泡が確認され，５分間で管Aには気体が12 cm^3，管Bには気体が６ cm^3集まり，それぞれ発生した気体を調べた。次の問いに答えなさい。

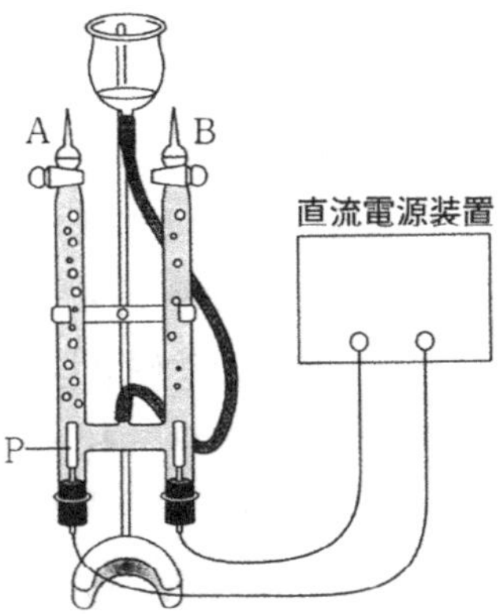

図1

(1) 下線部で，先生が次郎君に指示した内容はどのようなことか。簡単に説明せよ。ただし，導線がはずれるなどの配線での問題はなかった。

(2) 電極Pは何極か。

(3) 管Bにたまった気体と同じものを発生させる方法として適切なものを，次の**ア**～**エ**から１つ選び，記号で答えよ。

ア 塩化アンモニウムと水酸化ナトリウムを混ぜて，加熱する。
イ 亜鉛にうすい塩酸を加える。
ウ 石灰石にうすい塩酸を加える。
エ 二酸化マンガンにうすい過酸化水素水を加える。

(4) この装置内で起きた水の電気分解の化学変化を化学反応式で表せ。

3 次の実験について，下の問いに答えなさい。

酸化銅とX〔g〕の炭素粉末を混ぜ合わせて試験管Aに入れ，**図2**のように，ゴム管つきガラス管を試験管Aに取りつけた。ガラス管の先を石灰水を入れた試験管Bの中に入れ，試験管Aをガスバーナーで加熱した。反応終了後，試験管Aの物質を取り出し，その中の銅の質量を測定した。

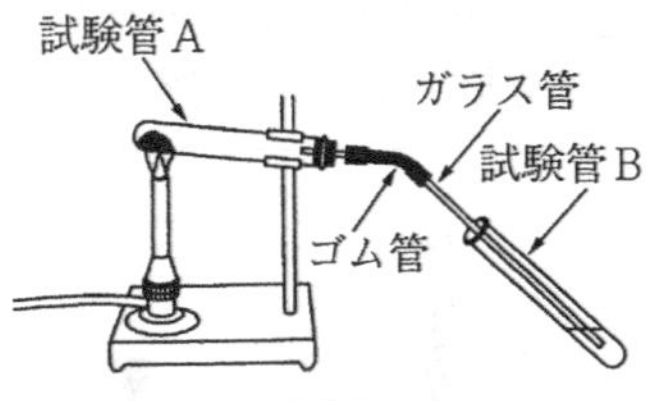

図2

以上の実験を酸化銅の質量を変えて繰り返し行ったところ，**表1**のような結果が得られた。ただし，いずれの実験でも酸化銅と混ぜ合わせた炭素粉末の質量はX〔g〕であった。

表1

酸化銅〔g〕	1.0	1.5	2.0	2.5	3.0
銅の質量〔g〕	0.8	1.2	1.6	1.6	1.6

(1) 酸化銅が炭素と反応し酸素を失う化学変化を何というか。漢字で答えよ。

(2) (1)の化学変化のときの酸化銅の色の変化として最も適するものを，次の**ア**～**カ**から1つ選び，記号で答えよ。

ア 黄色から白色に変化する。　**イ** 白色から黒色に変化する。　**ウ** 黒色から赤色に変化する。
エ 赤色から黒色に変化する。　**オ** 黒色から白色に変化する。　**カ** 白色から黄色に変化する。

(3) 実験を終えるときの正しい手順になるように，次の**ア**～**エ**を順番に並べ記号で答えよ。

ア ガスバーナーのガス調節ねじを閉じる。　**イ** ガスの元栓を閉じる。
ウ ガスバーナーの空気調節ねじを閉じる。　**エ** ガラス管を試験管Bの液から抜く。

(4) 酸化銅は銅と酸素が一定の質量比で化合している。この質量比を最も簡単な整数比で答えよ。

(5) 酸素原子1個の質量と炭素原子1個の質量の比は4：3である。

① 実験で使用した炭素粉末の質量X〔g〕の値を答えよ。
② 5.0 gの酸化銅に，ある量の炭素粉末を加えて加熱したところ，2.4 gの銅が得られた。このとき，反応せずに残った酸化銅の質量は何gか。

4 次の問いに答えなさい。

(1) 次の文章を読み，下の①～③に答えよ。

白い花をつける純系のマツバボタンと，赤い花をつける純系のマツバボタンをかけあわせて，できた種子をまいて育てたら，子のマツバボタンはすべて赤い花だった。さらに，子のマツバボタンどうしをかけあわせてできた種子をまいて育てた孫には赤い花と白い花があった。

① どちらか一方しか現れない2つの形質どうしを何というか。漢字で答えよ。
② マツバボタンの体細胞には染色体が18本ある。生殖細胞の染色体数は何本か。
③ 子の赤い花をつけるマツバボタンと孫で出てきた白い花をつけるマツバボタンをかけあわせてできた種子をまいて育てたところ，7500個体が成長して花を咲かせた。そのうち，赤い花をつけた個体は約何個体であると推測できるか。

(2) 有性生殖と無性生殖の両方を行う生物を，次の**ア**～**ク**から**すべて**選び，記号で答えよ。

ア ゴールデンハムスター　**イ** カラスノエンドウ　**ウ** キイロショウジョウバエ
エ スイカ　**オ** トマト　**カ** ジャガイモ　**キ** アサガオ　**ク** ヒキガエル

(3) 無性生殖でふえた個体のように起源が同じで，同一の遺伝子を持つ個体の集団を何というか。

5 次の**図3**は，いろいろな特徴をもとに動物を分類するときの過程を表したものであり，ＡとＢには分類上の特徴に関する語句が，ＣとＤには分類上のグループ名が入る。次の問いに答えなさい。

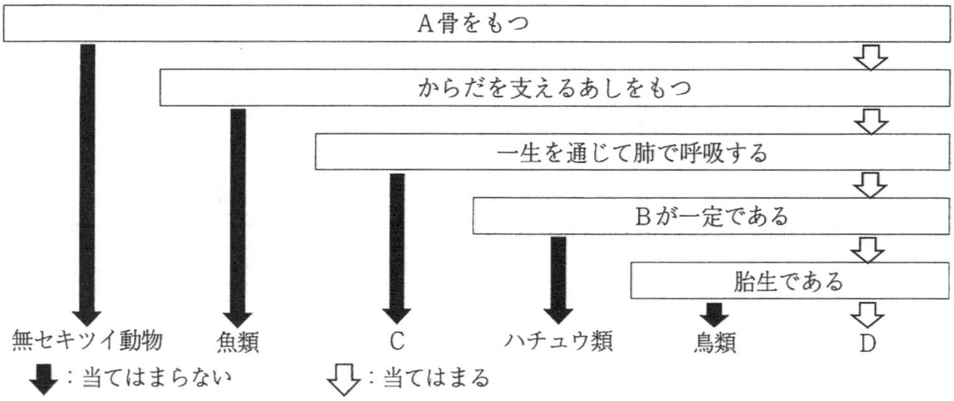

図3

(1) **図3**中のＡに入る語句をカタカナ４文字で答えよ。

(2) **図3**中のＢに当てはまる適当な語句を答えよ。

(3) **図3**中のＣのグループに分類される生物を，次の**ア**～**ス**から**すべて**選び，記号で答えよ。
ア カブトムシ　**イ** イカ　**ウ** サンショウウオ　**エ** コウモリ　**オ** コイ　**カ** ダチョウ
キ ペンギン　**ク** イモリ　**ケ** ヤモリ　**コ** カエル　**サ** ヘビ　**シ** カメ　**ス** メダカ

(4) **図3**中のＤに共通する一般的な特徴として正しいものを，次の**ア**～**キ**から**すべて**選び，記号で答えよ。ただし，正しいものがなければ「なし」と答えよ。
ア くちばしがある　**イ** ２本あしで歩く　**ウ** 体表が毛でおおわれている
エ 硬い殻がある卵をつくる　**オ** 外骨格である　**カ** 外とう膜がある　**キ** えら呼吸である

6 次の問いに答えなさい。

(1) 次の**ア**～**カ**の文章を顕微鏡の正しい使い方の順に並び替えたとき，**4番目**になるものを選び，記号で答えよ。
ア 接眼レンズをのぞきながら調節ねじを回して鏡筒をゆっくり上げながらピントを合わせる。
イ ステージにプレパラートを乗せ観察対象が対物レンズの真下にくるようにする。
ウ 微動ねじでピントを調節した後，レボルバーを回して対物レンズを高倍率にする。
エ レボルバーを回して対物レンズを最低倍率にし，接眼レンズをのぞきながら反射鏡の角度を調節して視野全体を明るくする。
オ 横から見ながら調節ねじを回して鏡筒を下げ，対物レンズをプレパラートに近づける。
カ 接眼レンズ，対物レンズの順にレンズを顕微鏡に取り付ける。

(2) 顕微鏡で観察を行ったときに観察対象が**図4**のように端にある場合，視野の中心に観察対象を移動させるにはプレパラートをどちらの方向に動かせばよいか。**図5**の**ア**～**ク**から１つ選び，記号で答えよ。

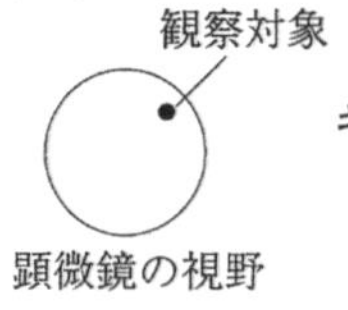

図4

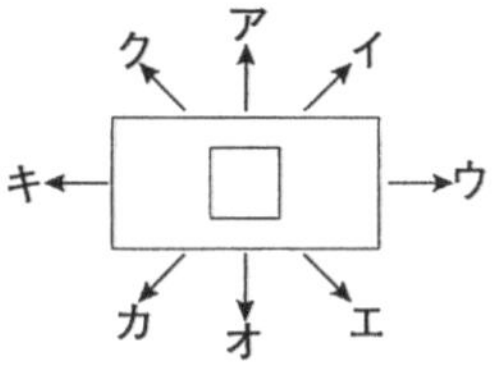

図5

(3)　ヒトの血液を顕微鏡で観察したところ，**図6**のように見えた。養分や不要な物質などを運ぶ役割があるのはどれか。**図6**の**ア**～**エ**から１つ選び，記号で答えよ。また，その名称も答えよ。

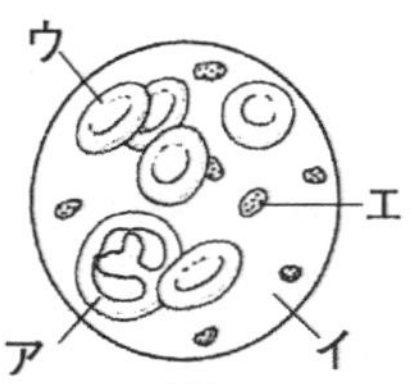

図6

(4)　次の文章は生物とエネルギーについての文章である。(a) ～ (d) に入る語の組み合わせとして適当なものを，下の**ア**～**キ**から１つ選び，記号で答えよ。

植物は，（　a　）によって（　b　）と二酸化炭素から養分をつくり，その養分を（　c　）によって分解することで生命活動に必要なエネルギーを取り出している。一方で動物は，自ら (c) に用いる養分を作れないため，（　d　）ことで養分を体内に取り入れる。取り入れた養分は (c) によって分解することで生命活動に必要なエネルギーを取り出している。

	(a)	(b)	(c)	(d)
ア	細胞呼吸	酸素	細胞呼吸	他の生物を食べる
イ	細胞呼吸	水	光合成	他の生物を食べる
ウ	細胞呼吸	酸素	細胞呼吸	光に当たる
エ	光合成	酸素	光合成	光に当たる
オ	光合成	水	細胞呼吸	他の生物を食べる
カ	光合成	水	光合成	他の生物を食べる
キ	光合成	酸素	細胞呼吸	光に当たる

7　ある地震を２つの地点Ａ，Ｂで観測した。**表2**は，地点Ａ，Ｂにおける震源からの距離とＰ波，Ｓ波の到着時刻を表したものである。次の問いに答えなさい。ただし，Ｐ波とＳ波はそれぞれ一定の速さで伝わるものとする。

表2

	地点Ａ	地点Ｂ
震源からの距離	90 km	210 km
Ｐ波の到着時刻	９時35分11秒	９時35分31秒
Ｓ波の到着時刻	９時35分26秒	

(1)　この地震のＰ波が伝わる速さは何km/sか。

(2)　この地震が発生した時刻は９時何分何秒か。

(3)　震源からの距離が150 kmの地点を，地点Ｘとしたとき，地震が発生してから地点ＸにＰ波が到着するまでに何秒かかったか。

(4)　(3)の地点ＸにＰ波が到着した時刻に，地震の発生を知らせるアラートが鳴り始めた。ある地点Ｙではその時刻から17秒後にＳ波が到着した。地点Ｙは震源から何kmの地点か。次の**ア**～**オ**から１つ選び，記号で答えよ。

ア　42 km　　**イ**　75 km　　**ウ**　102 km　　**エ**　126 km　　**オ**　155 km

8 **図7**は，空気のかたまりが高さ０ mのふもとから山の斜面に沿って山頂まで上昇したときのようすを模式的に表したものである。800 mの高さで，空気のかたまりに含まれる水蒸気が水滴になって雲ができ始め，山頂まで雨が降った。次の問いに答えなさい。

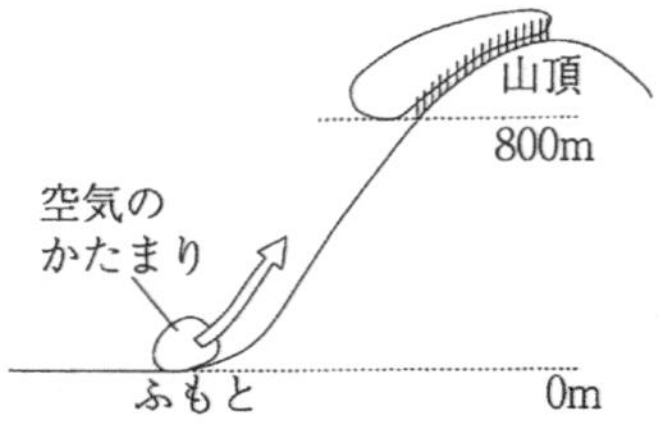

図7

(1) 水蒸気が水滴に変化し始める温度のことを何というか。漢字で答えよ。

(2) 空気のかたまりの温度は，800 mの高さで14 ℃，山頂で12 ℃であった。**表3**は，気温と飽和水蒸気量との関係を示したものである。

表3

気温〔℃〕	8	10	12	14	16	18	20	22
飽和水蒸気量〔g/㎥〕	8.3	9.4	10.7	12.1	13.6	15.4	17.3	19.4

① 空気のかたまりが800 mの高さから山頂へ達するまでに，できた水滴がすべて雨として降ったとすると，その量は空気１ ㎥あたり何gか。

② ふもとにおける，空気のかたまりの温度は何℃か。ただし，雲が発生していないとき，空気の上昇による温度変化は，100 mにつき１ ℃とする。

③ ふもとにおける，空気のかたまりの湿度は何%か。最も近い値を，次の**ア**～**オ**から１つ選び，記号で答えよ。

ア 55 %　**イ** 62 %　**ウ** 70 %　**エ** 79 %　**オ** 89 %

9 次の文章を読み，下の問いに答えなさい。

$_{X}$太陽を中心とする太陽系には，地球**以外に**惑星が（ a ）個あり，その中で太陽に最も近い惑星は（ b ），最も遠い惑星は（ c ）である。また，太陽系最大の惑星は（ d ）で，その直径は地球の約11倍である。地球のすぐ内側を公転するのは$_{Y}$金星で，望遠鏡を使うと満ち欠けのようすを観察することができる。

(1) 文章中の（a）～（d）に当てはまる適切な語句の組み合わせを，次の**ア**～**カ**から１つ選び，記号で答えよ。

	(a)	(b)	(c)	(d)
ア	7	火星	めい王星	土星
イ	7	水星	天王星	木星
ウ	7	火星	海王星	土星
エ	7	水星	海王星	木星
オ	8	火星	天王星	土星
カ	8	水星	めい王星	木星

(2) $_{X}$太陽について，**図8**は，南陽市で春分の日に太陽の動きを観測して，透明半球に記録したものである。Aは午前９時，その後1時間ごとにB，C，Dの各点を記録した。Pは日の出の位置，Kは太陽が南中したときの位置である。透明半球上のＡＢ間の長さは4.0 cm，ＣＫ間の長さは2.4 cmであった。

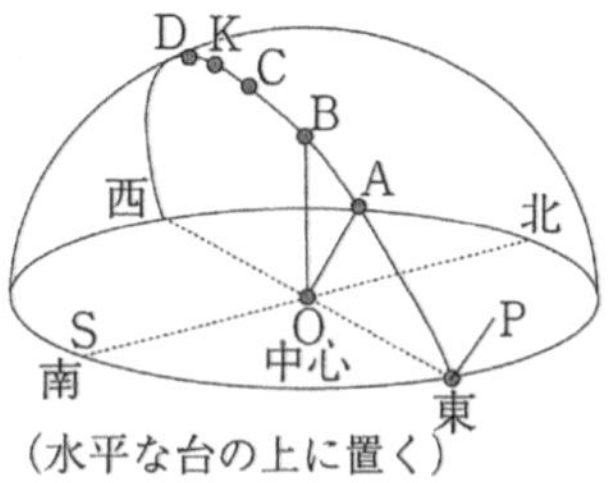

図8

① この日，太陽が南中した時刻は何時何分か。

② 南陽市の緯度は，北緯38度である。この日の南中高度（**図8**中における∠ＫＯＳ）は何度か。

(3) y金星について，ある年の1月1日と2月1日の午後9時に，酒田市で金星を観察した。**図9**は1月1日における，太陽・地球・金星の位置関係である。

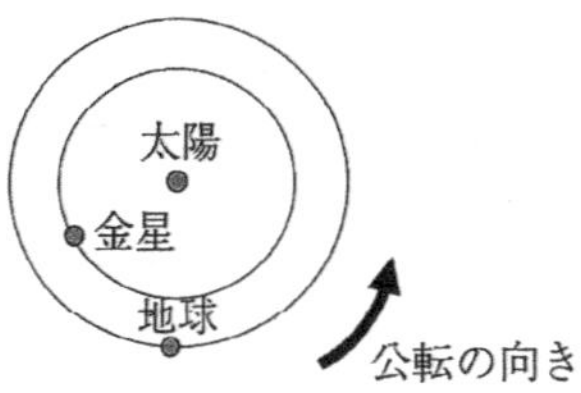

図9

① 1月1日に金星を観察したのはどの方角の空であると考えられるか。次の**ア**～**エ**から1つ選び，記号で答えよ。

ア 東　**イ** 南　**ウ** 西　**エ** 北

② **図10**は，1月1日に観察された金星の見かけの大きさと形を表している。2月1日の金星の見かけの大きさと形を表したものを，次の**ア**～**エ**から1つ選び，記号で答えよ。ただし，1月1日と2月1日の観察で使用した望遠鏡の倍率は同じであるとする。

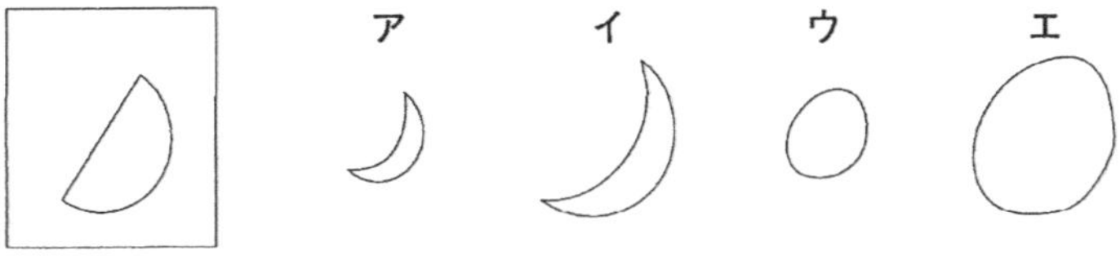

図10

10 次の問いに答えなさい。

(1) 秒速15 mは時速何kmか。

(2) 3 kgの物体を垂直に200 cm持ち上げたときの仕事は何Jか。ただし，質量100 gの物体にはたらく重力の大きさを1 Nとする。

(3) 5 Ωの抵抗に10 Vの電圧を5分間かけたときの電力量は何Jか。

(4) 電熱線A，B，Cの電圧と電流の関係を調べると，**図11**のようになった。電熱線A，B，Cの抵抗の比を求めよ。

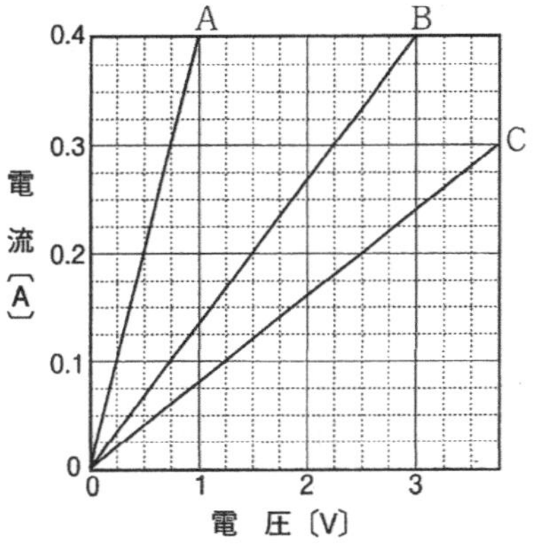

図11

(5) 音の性質について，**誤っているもの**を次の**ア**～**エ**から1つ選び，記号で答えよ。

ア 真空中では音は伝わらない。
イ 振幅を大きくすると音は高くなる。
ウ 音は気体，液体，固体を伝わることができる。
エ 打ち上げ花火が光った後に遅れて音が聞こえるのは，光の速さに比べて音の伝わる速さが遅いためである。

(6) **図12**は，水平な台の上にガラスを置き，Pの位置に棒を立てたようすを上から見たものである。Qの位置からガラスを通して棒を見ると，どのように見えるか。最も適切なものを，次の**ア**～**エ**から1つ選び，記号で答えよ。

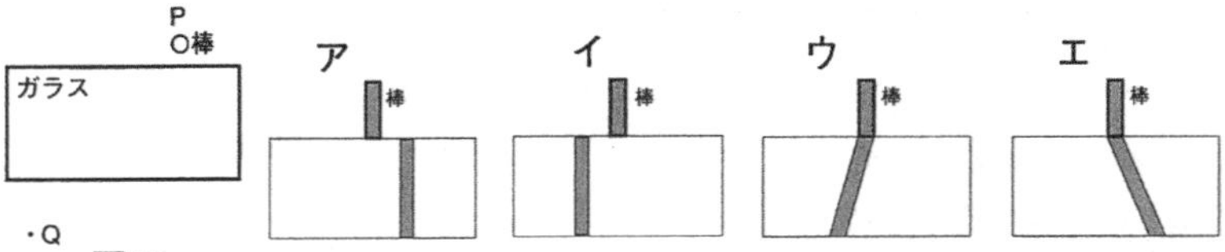

図12

(7) **図13**のようにクルックス管を用いて実験をしたところ，陰極線は図のように曲がった。電極A～Dは＋極，－極のどちらか。次の**ア**～**エ**から１つ選び，記号で答えよ。

	A	B	C	D
ア	＋	－	＋	－
イ	－	＋	＋	－
ウ	－	＋	－	＋
エ	＋	－	－	＋

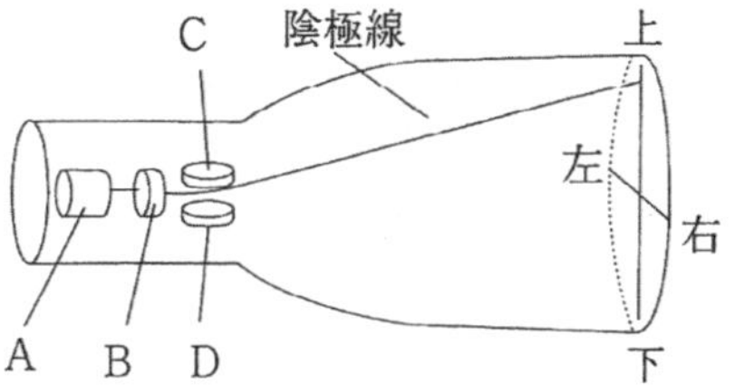

図13

11

長さ20 cmのばねにおもりをいくつかつりさげて静止したときのばねの長さを測った。**表４**はその結果をまとめたものである。次の問いに答えなさい。ただし，ばねの重さは考えず，質量100 gの物体にはたらく重力の大きさを１ Nとする。

表４

おもりの重さ〔N〕	0.3	0.6	0.9
ばねの長さ〔cm〕	21.5	23.0	24.5

(1) ばねの長さが27.5 cmのとき，おもりの重さは何Nか。

(2) ばねに質量200 gのおもりをつるした状態で，おもりを水中に入れるとばねの長さは29.5 cmになった。浮力の大きさは何Nか。

(3) **図14**のように，床に置いた10 Nのおもりにばねをとりつけ，ゆっくりと手でばねを引いた。ばねの長さが67 cmになったとき，おもりと床がふれ合う面にかかる圧力は何Paか。ただし，おもりと床がふれ合う面積は50 ㎠で，床は水平であり，大気圧は考えないものとする。

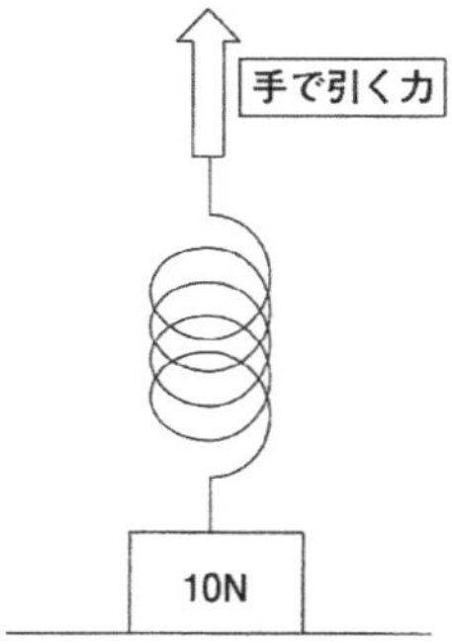

図14

(4) 同じばねを２本用いて**図15**のように天井からつるし，静止させた。２本のばねののびの合計と同じのびの合計になるものを，次の**ア**～**エ**から１つ選び，記号で答えよ。ただし，おもりは全て同じ重さである。

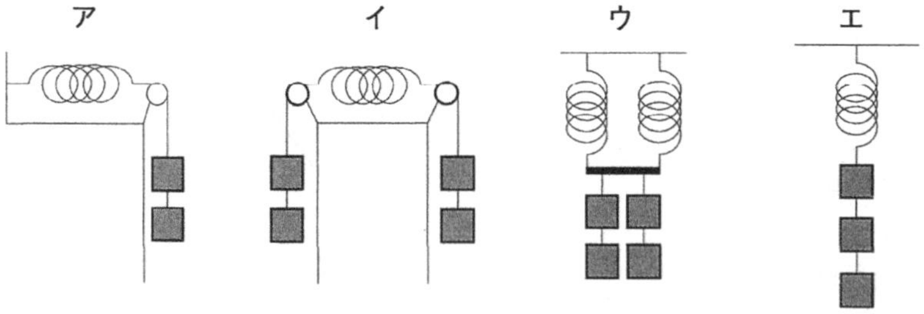

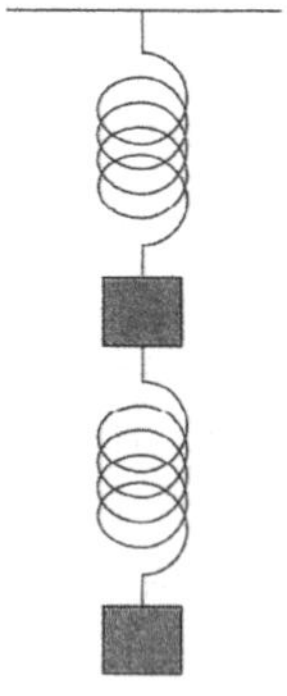
図15

(5) **図16**のように，床にくくりつけたばねを丈夫な棒の端にとりつけ，床に支えを置き，棒のもう一方の端におもりをつける。ばねの長さは35 cmで，ばねと支点までの距離は20 cm，おもりと支点までの距離は30 cmとなったとき，棒は床と水平になり静止した。おもりの重さは何Nか。ただし，棒の重さは無視できるものとする。

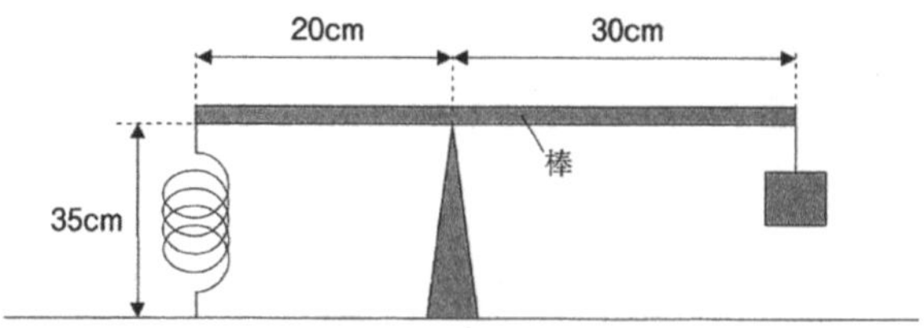

図16

受験番号	

日本大学山形高等学校

令和5年度　入学試験

英語問題

時間割

1	国語	9：00〜9：50
2	数学	10：20〜11：10
3	社会	11：40〜12：30
	昼食	12：30〜13：10
4	理科	13：10〜14：00
5	英語	14：30〜15：20

注意事項

1 「開始」のチャイムが鳴るまで，開かないでください。

2 「開始」のチャイムが鳴ったら，解答用紙に受験番号を書いてください。

3 問題冊子は，1ページから7ページまであります。試験開始と同時にページを確認してください。

4 答えは，すべて解答用紙に書いてください。

5 「終了」のチャイムが鳴ったら，すぐに鉛筆を置き，受験番号が書いてある方を表にして，後ろから自分の解答用紙を上にのせて，前の人に渡してください。

6 問題の内容についての質問には一切応じません。それ以外のことについて尋ねたいことがあれば，手をあげて聞いてください。

7 次のものは使用しないでください。

下じき，分度器，計算・単語表示機能・送信機能等の付いた腕時計，携帯電話，ボールペン。

※音声は収録しておりません

1 これはリスニングテストです。放送の指示に従って答えなさい。

Part 1

No. 1

ア The speaker ate rice this morning.
イ The speaker usually eats rice for breakfast.
ウ The speaker usually doesn't eat breakfast.
エ The speaker grows rice.

No. 2

ア The speaker lives in Yamagata now.
イ The speaker is 30 years old.
ウ The speaker has never been to Yamagata.
エ The speaker's friend is from Fukushima.

Part 2

No. 1

ア Eat at a Chinese restaurant.
イ Eat at a Korean restaurant.
ウ Eat some Chinese takeout food.
エ Eat some Korean takeout food.

No. 2

ア He plays baseball.
イ He teaches his students Spanish.
ウ He sometimes teaches his students how to play the guitar.
エ He is from America.

Part 3

No. 1

ア I'll join you.
イ They don't have that one either.
ウ They have been there once.
エ I should see a doctor.

No. 2

ア Spring is my favorite season.
イ It is too hot outside.
ウ My car is broken.
エ Then how about camping?

Part 4

No. 1 会話の内容に合うKenjiの週末の予定を選びなさい。

ア

Saturday	Play tennis.
Sunday	Go to a concert.

イ

Saturday	Do homework.
Sunday	Go to a concert.

ウ

Saturday	Play tennis.
Sunday	Visit grandmother.

エ

Saturday	Do homework.
Sunday	Visit grandmother.

No. 2 会話の内容に合うバスの時刻表を選びなさい。

ア

9：20
9：40

イ

9：20
10：30

ウ

9：30
9：40

エ

9：30
10：30

Part 5

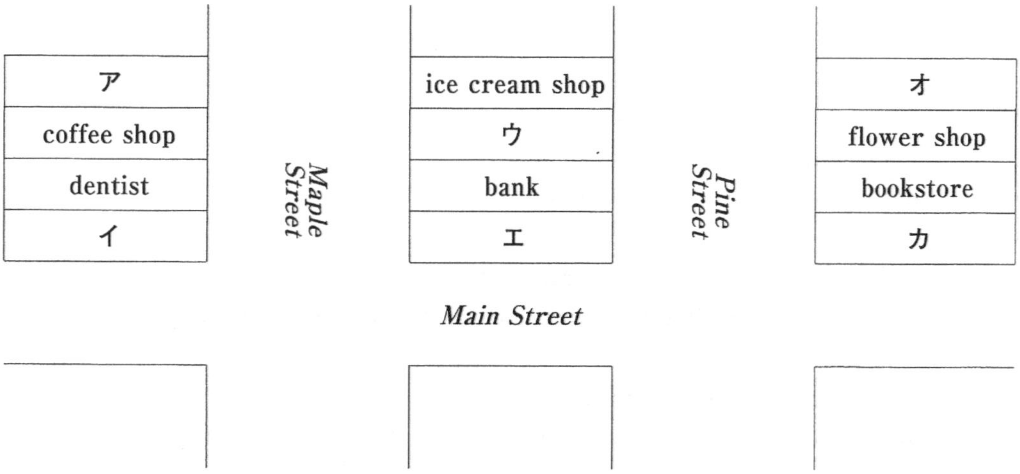

2 次の問いに答えなさい。

A．（　　）に入る最も適切なものを選び，記号で答えなさい。

(1) If it (　　) fine this weekend, Mary will go shopping.
ア．is　イ．was　ウ．be　エ．will be

(2) I'm looking forward (　　) my friend in Kyoto soon.
ア．see　イ．to see　ウ．seeing　エ．to seeing

(3) I have two brothers. One is a teacher, and the (　　) is a musician.
ア．other　イ．another　ウ．one　エ．others

(4) The languages (　　) in Canada are English and French.
ア．speak　イ．speaking　ウ．spoken　エ．are spoken

(5) The piano concert starts at 6:00 p.m. and continues (　　) 8:00 p.m.
ア．for　イ．until　ウ．when　エ．in

(6) My uncle (　　) in Hokkaido for two weeks.
ア．will come　イ．went　ウ．leaves　エ．has been

(7) The woman will (　　) work hard tomorrow morning.
ア．should　イ．must　ウ．have to　エ．going to

(8) Mr. Brown (　　) up smoking because his wife often told him to stop.
ア．kept　イ．gave　ウ．made　エ．caught

B．次の各組の文がほぼ同じ内容になるように，（　）内に1語ずつ適語を入れなさい。

(1) This book is easier than that one.
That book is (　　) (　　) than this one.

(2) I will go to Okinawa for the first time next week.
I (　　) (　　) visited Okinawa, but I'll go there next week.

(3) Takuya can play the guitar well.
Takuya is (　　) at (　　) the guitar.

(4) Jane is a girl with long hair.
Jane is a girl (　　) (　　) long hair.

No.2

(A) Let's go surfing this year.

(B) But we always go fishing in the summer and I can't surf.

(A) Fishing is great, but let's try something different this year.

これで Part 3 を終わります。問題冊子の Part 4 を見てください。

Part 4 は No.1 と No.2 です。対話を聞き，問題冊子に印刷されている質問の答えとして最も適切なものをアからエの中から 1 つずつ選び，記号で答えなさい。英文は 2 回読まれます。では，始めます。

No.1

(A) Kenji, what are your plans for the weekend?

(B) I wanted to play tennis with my brother on Saturday, but it will rain on Saturday. So I am going to do my homework.

(A) Then, how about Sunday? I have two tickets for a concert. Do you want to come?

(B) I'd love to. But my brother and I will visit our grandmother. It's her birthday.

No.2

(A) We are 10 minutes late. We have to take the next bus.

(B) It's 9:30 now, so the next bus comes in 10 minutes, right?

(A) Yes… oh no, wait a minute. It's Sunday so the next bus comes in an hour!

(B) I can't wait that long here. Let's find a place to take a rest.

(A) Good idea. I want something to drink.

これで Part 4 を終わります。問題冊子の Part 5 を見てください。

Part 5 では対話が流れた後，質問を 2 つします。問題冊子に印刷されている地図を見て，その質問の答えとして最も適切な場所をアからカの中から 1 つずつ選び，記号で答えなさい。英文は 2 回読まれます。では，始めます。

(A) Hi, David. Where are you now?

(B) I'm at the movie theater next to the coffee shop. The movie starts in 5 minutes.

(A) Can you do some shopping after the movie? I need some milk to make cookies.

(B) Sure. The supermarket is next to the flower shop, right?

(A) No. It closed last month. The new one opened between the ice cream shop and the bank.

(B) Thank you. I'll stop by after I go to the movies.

No.1: Where is David now?

No.2: Where is the new supermarket?

受験番号

合計得点

※

※100点満点
（配点非公表）

（※印の欄には記入しないでください。）

問五

問六

問七

問八

小　計

※

d

小　計

※

小　計

※

小　計

※

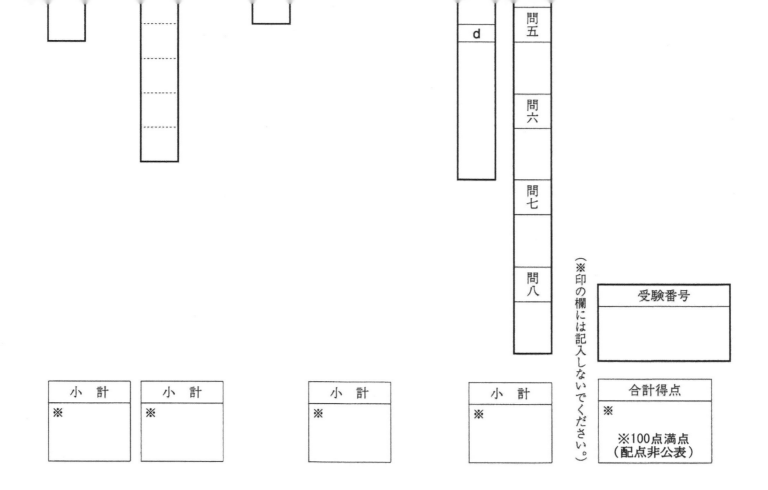

	(6) $x =$ 　　　　, $y =$

3	(1) $y =$	(2)	(3) $y =$

4	(1)	(2) $y =$	(3) $a =$

5	(1)	(2)	(3)	(4)

6	(1) 　　°	(2) 　　°	(3)	(4)

	問6		問7	

4	問1		問2		問3		問4			
	問5						問6		問7	

小計(3 4)
※

5	問1		問2	⇒　⇒　⇒			問3		問4		
	問5		問6	a		b			問7		

6	問1		問2		問3		問4		問5	
	問6		問7							

小計(5 6)
※

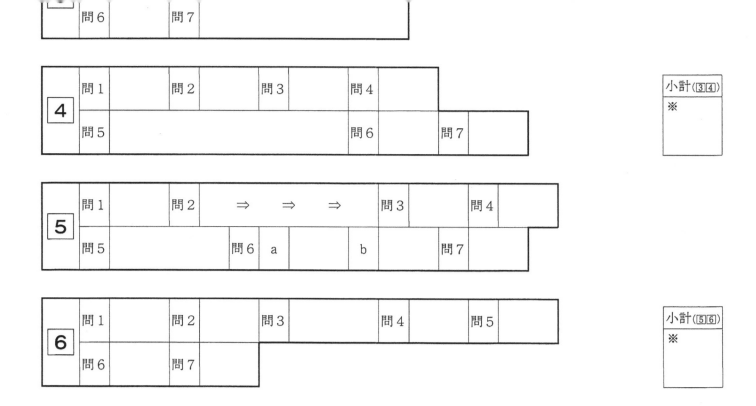

5	(1)		(2)		(3)		(4)	

6	(1)		(2)		(3)	記号	名称	(4)	

小　計
※

7	(1)	km/s	(2)	9時　　分　　秒	(3)	秒	(4)	

8	(1)		(2)	①	g	②	℃	③		

9	(1)		(2)	①	時　　分	②	度	(3)	①		②	

小　計
※

10	(1)	時速　　km	(2)	J	(3)	J		
	(4)	A：B：C＝　　：　　：	(5)		(6)		(7)	

11	(1)	N	(2)	N	(3)	Pa	(4)		(5)	N

小　計
※

K 教英出版

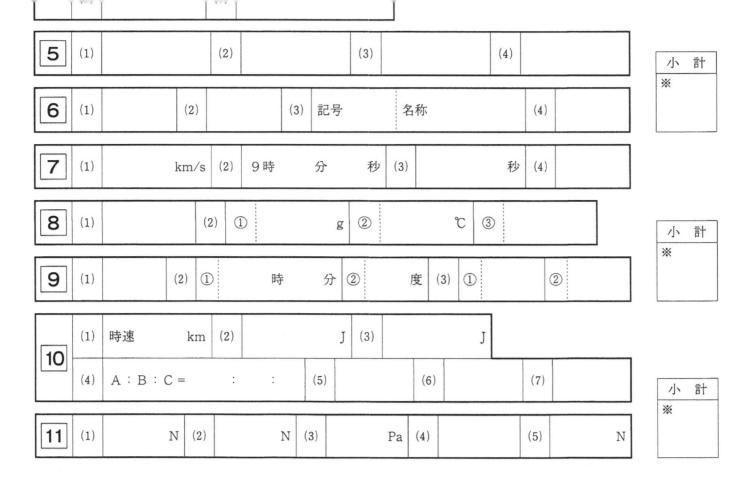

2番目	4番目	6番目	2番目	4番目	6番目	2番目	4番目	6番目
(4)			(5)			(6)		

小　計
※

3	1	①	②	⑤	⑦		
	2						
	3						
	4						
	5	(1)	(2)				
	6						
	7	円					
	8	(1)	(2)	(3)	(4)	(5)	(6)

小　計
※

令和５年度　日本大学山形高等学校　入学試験

英　語　　解　答　用　紙

受験番号

合計得点
※ ※100点満点 （配点非公表）

（注意　※には何も記入しないでください。）

小　計
※

1	1	No.1		No.2	
	2	No.1		No.2	
	3	No.1		No.2	
	4	No.1		No.2	
	5	No.1		No.2	

2	A	(1)	(2)	(3)	(4)	(5)	(6)	(7)	(8)
	B	(1)		(2)		(3)			
		(4)		(5)		(6)			

【解答

令和５年度　日本大学山形高等学校　入学試験

理　科　　解　答　用　紙

受験番号

合計得点
※ ※100点満点 （配点非公表）

（注意　※には何も記入しないでください。）

1	(1)		(2)	→　→

2	(1)					
	(2)	極	(3)		(4)	

3	(1)		(2)		(3)	→　→　→		
	(4)	銅：酸素＝　：	(5)	①	g	②	g	

小　計
※

【解答

令和５年度　日本大学山形高等学校　入学試験
社　会　　解　答　用　紙

受験番号

合計得点
※ ※100点満点 （配点非公表）

（注意　※には何も記入しないでください。）

1	問１	月　　日　　：	問２		問３		問４	
	問５	系言語	問６	農業				
	問７		問８					

2	問１		問２		問３		問４			
	問５	Ⅰ	m	Ⅱ		Ⅲ				

小計(12)
※

【解答

令和５年度　日本大学山形高等学校　入学試験

数　学　　解　答　用　紙

受験番号

合計得点
※ ※100点満点 （配点非公表）

（注意　※には何も記入しないでください。）

1	(1)	(2)
	(3)	(4)

	(1)	(2)	(3)　$x =$

【解答

令和五年度
日本大学山形高等学校　入学試験

国語　解答用紙

一

問一　(1)　(2)
問二
問三
問四

二

問一　a　（って）　b　c
問二　Ⅰ　Ⅱ
問三　〜
問四
問五　〜
問六
問七
問八

三

問一　b　（え）　c　d
問二　a　e
問三
問四
問五
問六
問七　Ⅰ　Ⅱ
問八

四

問一
問二
問三
問四
問五
問六

【解答

※音声は収録しておりません

これからリスニングテストを始めます。問題は Part 1 から Part 5 までの 5 つです。聞いている間にメモを取っても構いません。それでは Part 1 の問題を始めます。

Part 1 は No.1 と No.2 です。短い英語を聞き，その内容として最も適切なものをアからエの中から 1 つずつ選び，記号で答えなさい。英文は 2 回読まれます。では，始めます。

No.1

(A) I usually eat bread for breakfast, but I had rice today.

No.2

(A) I have lived in Yamagata for 13 years, but I'm moving to Fukushima next month.

これで Part 1 を終わります。問題冊子の Part 2 を見てください。

Part 2 は No.1 と No.2 です。対話の後，Question と言って質問をします。その質問の答えとして最も適切なものをアからエの中から 1 つずつ選び，記号で答えなさい。英文は 2 回読まれます。では，始めます。

No.1

(A) I'm hungry. Let's go out to eat.

(B) I'm hungry, too. But I don't feel like going out.

(A) Okay, I'll get some takeout. Which would you like to have, Chinese or Korean?

(B) Chinese will be great.

Question: What are they going to do?

No.2

(A) I heard you have a new English teacher at school.

(B) Yes, his name is Mr. Adams. He is from Australia. He is very kind and we all like him.

(A) Nice. Does he play any sports?

(B) No. But he likes watching baseball. He is good at music too. He plays the guitar and sometimes teaches us how to play it.

Question: What is true about Mr. Adams?

これで Part 2 を終わります。問題冊子の Part 3 を見てください。

Part 3 は No.1 と No.2 です。対話の最後の発言に対する最も適切な応答をアからエの中から 1 つずつ選び，記号で答えなさい。英文は 2 回読まれます。では，始めます。

No.1

(A) Which club are you going to join in high school?

(B) I wanted to join the sumo club, but they don't have one at my school.

(A) How about a karate club?

(5) My sister doesn't know Tom's address.
My sister doesn't know (　　) Tom (　　).

(6) Don't ride a bicycle in this park.
You (　　) (　　) ride a bicycle in this park.

C. (1)〜(6)の日本文の意味になるように，(　　) 内の語（句）を並べ替えなさい。
解答欄には２番目と４番目と６番目にくる語（句）の記号を書きなさい。
ただし，文頭に来る語（句）も小文字にしてある。

(1) プリンの作り方を知っていますか。
(ア. know　イ. do　ウ. how　エ. make　オ. to　カ. you) a pudding?

(2) ボブはとても忙しかったので，そのパーティーに来ることができませんでした。
Bob was (ア. couldn't　イ. busy　ウ. that　エ. so　オ. come　カ. he) to the party.

(3) これは私たちの町で最も新しい公園の１つです。
This (ア. parks　イ. the　ウ. one　エ. of　オ. is　カ. newest) in our town.

(4) 小さな子供達と遊ぶとうれしくなります。
(ア. makes　イ. little children　ウ. happy　エ. playing　オ. with　カ. me).

(5) 今日の新聞には何かおもしろいことが載っていますか。
Is (ア. newspaper　イ. interesting　ウ. today's　エ. anything　オ. in　カ. there)?

(6) ロンドンで撮った写真を見せてくれませんか。
Will you (ア. the pictures　イ. in　ウ. took　エ. show　オ. you　カ. me) London?

3

次の文章は，ある学校の男性英語教員がパンについて書いたエッセイです。あとの問いに答えなさい。

Do you know how to say "*pan*" in English? Of course, it's bread. A pan in English means a round *metal container that you use (①) cooking. The Japanese word, *pan* is from *Portuguese, and bread is from old *Germanic. Bread is a popular lunch among people from old (②) young.

I love bread. I often have bread for lunch. I feel happy when I eat bread for my lunch. During lunch time I think about *various things, -- business, family, and my dreams for the future.

Our school has a school bakery shop. I really like the shop. Seven years ago, I started to teach English in this school. I was very moved by the taste, warmth, and happiness of ③<u>the bread</u> that the school bakery sold.

The school bakery's bread is not only food for the stomach but also the memory. Bread for lunch leaves memory in the heart. Students can enjoy their lunch sharing bread and talking about their school lives. When they grow up, their memory of (ア)school lunch bread *remains. Long after the graduation, they want to buy the bread in the same shop again and taste the memory of their school lunch.

Last winter, the school bakery closed. ④The closing (of / became / news / the shop / big) in this city. That shop started about 70 years ago. They not only sold bread to high schools, but to hospitals also. About 50 years ago, their office and factory moved to near our school. Their trucks were popular, too. On the side of the truck was painted a big koala. Many people missed (イ) the bread. Many people in this city have happy memories of the bread.

I have some memories about (ウ)school bread, too. My best bread memories are *gratin bread and *age-pan* , fried bread. In my high school, gratin bread is the top selling bread. As students, we made a long line to buy gratin bread. *Age-pan* is full (⑤) memories from my elementary school days. I *still love ⑥the two. I sometimes try gratin bread in various shops. They are always a little different (⑦) my memories, but I enjoy eating (エ) them. If possible, I want to visit the same shop, and buy the same bread.

Now, a new school bakery has opened. ⑧Yesterday I ate breads in this new shop for lunch. I tried three of (オ)the breads they sell. I bought gratin bread, and *yakisoba* bread for lunch. Also, I bought a *melon-pan* for afternoon tea time. *Melon-pan* is one of the top ranking breads. The teachers buy more *melon-pan* than the students. Originally, it was made by the old bakery shop, but the recipe has been given to the new shop because it was so popular. It can be said to be an old and new taste.

Look at the table below. This table is a list of the top selling breads in the school bakery shop last month. Many students love both sweet and *vegetable breads, and teachers don't buy so many sweet breads. In the ranking of teachers, only blueberry cream and *melon-pan* are sweet. Teachers like ⑨bread packed in two or three pieces. That may be because they are busy and sometimes have only a short lunch time and eat the others later in the evening. Students also like to buy the one to share with their friends in their lunch time.

I think bread can make our lunch time happy. Sometimes it is hard to get the bread you want, but the *hardship itself is also good memory. I hope all the students will enjoy their lunch time and have their own lunch time memories in this school.

	Students		Teachers	
1	blueberry cream	¥130	sandwiches (2 pieces)	¥200
2	(A)		(B)	
3	*yakisoba*	¥160	tuna (2 pieces)	¥108
4	*melon-pan*	¥120	blueberry cream	¥130
5	*age-pan* with *kinako*	¥110	(C)	
6	tuna (2 pieces)	¥108	butter roll (3 pieces)	¥155
7	apple pie (2 pieces)	¥118	gratin	¥140

＊metal container　金属の容器　Portuguese　ポルトガル語　Germanic　ゲルマン語
various　様々な　remains　残っている　gratin　グラタン　still　いまだに
vegetable breads　惣菜パン　hardship　苦難

問１　空欄①②⑤⑦に入る最も適切な前置詞を次から選び，記号で書きなさい。

　ア to　　イ from　　ウ into　　エ of　　オ for

問２　下線部③と同じパンを指すものはどれか，下線部 (ア)(イ)(ウ)(エ)(オ) から選び，記号で書きなさい。

問３　下線部④が意味の通る文になるように，下線部中の（　　）内の語（句）を並べ替えなさい。

問４　下線部⑥の指す内容を次から選び，記号で答えなさい。

　ア　思い出のグラタンパンとほかの店で買ったグラタンパン
　イ　思い出の揚げパンとほかの店で買った揚げパン
　ウ　思い出の揚げパンとグラタンパン
　エ　思い出の揚げパンとメロンパン
　オ　思い出のメロンパンとグラタンパン

問５　下線部⑨が⑴生徒達や⑵教員達に好まれる理由をそれぞれ次から選びなさい。

　ア　あとで食べることができるから。
　イ　思い出の味でもあるし，新しい味でもあるから。
　ウ　いろいろなことを考える時間だから。
　エ　人と分けて食べることができるから。
　オ　甘いパンをあまり食べないから。

問６　表の（A），（B），（C）に入るものの組み合わせとして最も適切なものを次から選び記号で書きなさい。

ア	A. chocolate waffle	B. *melon-pan*	C. *chikuwa*
イ	A. chocolate waffle	B. *chikuwa*	C. *melon-pan*
ウ	A. *chikuwa*	B. *melon-pan*	C. chocolate waffle
エ	A. *chikuwa*	B. chocolate waffle	C. *melon-pan*

問７　表を参考に，下線部⑧で「私」が買ったパンの総額を数字で書きなさい。

問８　次の英文が本文の内容と合っていたら○，そうでなければ×を書きなさい。

⑴ Bread is made in a round metal container.
⑵ English word pan came from Portuguese.
⑶ Since he came to his school, he has liked some bread in the school bakery.
⑷ The old bakery shop sold bread for 120 years.
⑸ The old bakery shop was near his school for about 50 years.
⑹ *Melon-pan* bread is his memorial bread in his young days.

このページは余白です。

受験番号	

日本大学山形高等学校

令和4年度　入学試験

国語問題

時間割

1	国語	9：00～9：50
2	数学	10：20～11：10
3	社会	11：40～12：30
	昼食	12：30～13：10
4	理科	13：10～14：00
5	英語	14：30～15：20

注意事項

1 「開始」のチャイムが鳴るまで，開かないでください。

2 「開始」のチャイムが鳴ったら，解答用紙に受験番号を書いてください。

3 問題冊子は，1ページから11ページまであります。試験開始と同時にページを確認してください。

4 答えは，すべて解答用紙に書いてください。

5 「終了」のチャイムが鳴ったら，すぐに鉛筆を置き，受験番号が書いてある方を表にして，後ろから自分の解答用紙を上にのせて，前の人に渡してください。

6 問題の内容についての質問には一切応じません。それ以外のことについて尋ねたいことがあれば，手をあげて聞いてください。

7 次のものは使用しないでください。

下じき，分度器，計算・単語表示機能・送信機能等の付いた腕時計，携帯電話，ボールペン。

一　次の各問いに答えなさい。

問一　傍線部の漢字の読みが他と異なるものをそれぞれ次の中から一つ選び、記号で答えなさい。

(1)　ア　会議　　イ　会意　　ウ　商会　　エ　会得

(2)　ア　拙作　　イ　豊作　　ウ　所作　　エ　作為

問二　「超越」と語の構造が同じものを次の中から一つ選び、記号で答えなさい。

ア　永久　　イ　因果　　ウ　国営　　エ　厳封

問三　傍線部の敬語の使い方として間違っているものを次の中から一つ選び、記号で答えなさい。

ア　先輩に勉強のアドバイスをいただいた。

イ　先生が「静かにしなさい」と申し上げた。

ウ　お嬢さんは海外で生活していらっしゃる。

エ　お客様が食後のコーヒーを召し上がる。

問四　次の文に使われている表現技法は何ですか。適切なものを次の中から一つ選び、記号で答えなさい。

○「君か、いたずらをしたのは。」

ア　反語法　　イ　対句法　　ウ　比喩法　　エ　倒置法

問五　漢字とその部首の組み合わせとして間違っているものを次の中から一つ選び、記号で答えなさい。

ア　霜―あめかんむり　　イ　照―れんが（れっか）

ウ　郡―こざとへん　　エ　店―まだれ

問六　十二月の異名を漢字で答えなさい。

二　次の文章を読み、後の問いに答えなさい。（設問の都合上、表記を変えている箇所があります。）

①日本人にとって、外国語の魅力がだんだん減ってきたと言われる。巷《ちまた》にカタカナ、横文字がはんらんしているのに、と不審に思うかもしれないが、それだからこそ、おもしろさがはげ出したのかもしれない。

もともと、都会の人と田舎の人とを比べると、田舎にいる人間の方が外国語にあこがれる気持がつよい。明治以降の語学者を見ても、多くは地方出身者であった。ときに、東京出身の洋学者もないではないが、〝おくれている〟地方の若ものの方が、ヨーロッパへのあこがれはいっそうつよいようだ。

戦後、生活が洋風化した。ことに近年は、自由に海外旅行ができるようになった。行ってみると、夢に描いていた青い鳥は飛んでいない。うっすらと幻滅を感じながら帰ってくるという**a シダイ**になる。知ることはかならずしも幸福とは限らない。

外国語にしても、あまりよくわからなかった時代には、何となく興味を覚えたのに、うんざりするほど目につくようになると、興味索然としてくる。

同じようなことは、人間と人間との間にも見られる。遠くはなれて眺めていたときにはすばらしく思われた人が、すこし親しくなってみると、さっぱりおもしろくない。むしろ、うとましくすら感じられる。恋愛などがそういう経緯をたどって破局を迎えることもすくなくない。

こういう具体的経験をそのままにしておいたのでは、ほかへの応用がきかない。②整理して、公式化しておくと生活の知恵になる。

遠くにいたときりっぱに見えた人が親しくしてみると、いっこうに魅力のないように感じられるのは、〝従僕に英雄なし〟ということわざにまとめておくと、これに類することが、いくらでもあるのに気づく。

はじめの外国語の凋落《ちょうらく》は、よくわからずに心をひかれていたのが、白日のもとに出してしまって色あせて見えるという現象である。これをさらに純化させると、ことわざの〝夜目、遠目、笠の内〟になる。これは女性が美しく見える状況を言ったものだが、一般に、距離がやや大きすぎて、さだかに見えないものに、われわれは心をひかれる。あまり近くなると、【　Ⅰ　】につく。【　Ⅰ　】についたものが、美しくおもしろく感じられるわけがない。

サラリーマンが仕事がおもしろくない。上役に叱られた、というようなことがあると、ほかの人のしていることがよさそうに思われる。自分のやっている仕事がいちばんつまらなそうだ。思い切ってやめてしまえ、となる。商売変えしたところで、同じ人間がするのである。急に万事うまく行く道理がない。またおもしろくなくなる。すると、またも、ほかの人の職業がよさそうに見える。こういう人はいつまでたっても腰が落ちつかない。

学生でありながら、早くも、同じ傾向を示すのがいる。英文科へ入って来て、しばらくすると、退屈きわまりない。心理学科はそれに引きかえ、実験があって、いかにも学問らしい。あれへ転向しよう、というので転科する。二年もすると、心理にもあきてくる。もっと刺激のある勉強がしたいといって、さらに、物理学科へ入りなおす。こういう人間は結局、何もできないで終《おわ》る。

こういう例は世の中にごろごろしている。それなのに、相変《かわ》らず、同じことをくりかえす人があとからあとからあらわれる。めいめいの人にほかの人の経験が情報として整理されていないからである。整理されていないわけではない。ちゃんと、ことわざという高度の定理化が行なわれているのに、それを知らないでいるためである。

たえず職業を変えるのは、賢明でない。そのことは、古くからはっきりしていた。〝石の上にも三年〟というのが③それである。イギリスには、これを〝ころがる石はコケ（お金）をつけない〟と表現した。とにかく、じっと我慢が必要だ、ということである。

なぜ、英文科の学生に心理学がおもしろそうに見えるのか。人間性が④そういうようになっているからである。あすは試験という前の晩、勉強をしようとしていると、ふだんは目もくれない難解な哲学書などを、何となくのぞいて見たくなる。ちょっとのつもりが、なかなかやめられなくて、ついつい読みふけって、勉強の計画を狂わせる――このことはすでに書いた。

こういう経験は〝隣りの花は赤（美し）い〟ということわざのもとに分類、整理しておくと、ずいぶん思考の節約になる。遠くから見る隣りの花だから、ことさらに赤く見える。そこへ行ってよくみると、何と虫だらけであるという場合だってないとは言えまい。目の前の花は、実際よりも色あせて見える。

商売をする人、投機をする人は、ものの売り買いのタイミングを見きわめるのに身の細る思いをする。もうよかろうと思って、売買をすると、早すぎる。それにこりて、こんどは、満を持していると、好機を逸してしまう。もっと早く決断すればよかったと後悔する。商売の人は、たえずこういう失敗を経験している。そのひとつひとつは複雑で、それぞれ事情は違う。ただ、タイミングのとりかたがいかに難しいか、という点と、自分の判断が絶対的でないというところを法則化すると、〝モウはマダなり、マダはモウなり〟ということわざが生《うま》れる。

学校教育では、どういうものか、ことわざをバカにする。ことわざを使うと、インテリではないように思われることもある。【 Ⅱ 】、実生活で苦労している人たちは、ことわざについての関心が大きい。現実の理解、判断の基準として有益だからである。

ものを考えるに当《あた》っても、ことわざを援用すると、簡単に処理できる問題もすくなくない。

現実に起《おこ》っているのは、具体的問題である。これはひとつひとつ特殊な形をしているから、分類が困難である。これをパターンにして、一般化、記号化したのがことわざである。Aというサラリーマンの腰が落ちつかず、つぎつぎ勤めを変えている。これだけでは、サラリーマン⑤一般、さらには、人間というものにそういう習性があって、その害が古くから認められていることに思い至るのは無理だろう。

これに〝【 Ⅲ 】〟というパターンをかぶせると、サラリーマンAも人間の習性によって行動していることがわかる。別に珍しくもない、となる。

具体例を抽象化し、さらに、これを定型化したのが、ことわざの世界である。庶民の知恵である。古くから、どこの国においても、おびただしい数のことわざがあるのは、文字を用いない時代から、人間の思考の整理法は進んでいたことを物語る。

個人の考えをまとめ、整理するに当っても、人類が歴史の上で行なってきた、ことわざの創出が参考になる。個々の経験、考えたことをそのままの形で記録、保存しようとすれば、煩雑にたえられない。片端から消えてしまい、後に残らない。

一般化して、なるべく、bフヘン性の高い形にまとめておくと、同類のものが、あとあとその形と照応し、その形式を強化してくれる。つまり、自分だけの〝ことわざ〟のようなものをこしらえて、それによって、自己の経験と知見、思考を統率させるのである。そうして生れる〝ことわざ〟が相互に関連性をもつとき、その人の思考は体系をつくる方向に進む。

そのためには、関心、興味の核をはっきりさせる。その核に凝集する具体的事象、経験を一般的命題へ昇華して、自分だけのことわざの世界をつくりあげる。このようにすれば、本を読まない人間でも、思考の体系をつくり上げることは充分に可能である。

（外山滋比古『思考の整理学』ちくま文庫による）

問一　二重傍線部ａ「シダイ」・ｂ「フヘン」を漢字に改めなさい。

問二　傍線部①「日本人にとって、外国語の魅力がだんだん減ってきたと言われる」について、その理由は何ですか。「～から。」に続く形で本文から三十七字で抜き出し、その最初と最後の四字をそれぞれ記しなさい。

問三　傍線部②「整理して、公式化しておくと生活の知恵になる」とはどういうことですか。適切なものを次の中から一つ選び、記号で答えなさい。

ア　自己の経験や知見を整理し一般化させることにより、学力の向上につながるということ。

イ　自己の経験や知見を整理し一般化させることにより、恋愛の場面においてのみ有効に活用できるということ。

ウ　自己の経験や知見を整理し一般化させることにより、さまざまな場面や物事に対して上手く対処できるということ。

エ　自己の経験や知見を整理し一般化させることにより、生活が豊かになり幸福になれるということ。

問四　空欄【　Ⅰ　】に入る言葉を次の中から一つ選び、記号で答えなさい。

ア　アシ　イ　ハナ　ウ　ミミ　エ　メ

問五　傍線部③「それ」の内容として適切なものを次の中から一つ選び、記号で答えなさい。

ア　多くの人の経験が情報として整理され、ことわざという形でまとめられている。

イ　イギリスでは我慢が大切だということを〝ころがる石はコケをつけない〟と表現する。

ウ　仕事や学問などにおいて意見が次々と変わりやすい人間は何もできずに終わってしまう。

エ　一度決めたことを次々に変えてしまうのはよくないというのは昔から明らかである。

問六　傍線部④「そういうように」とはどういうことですか。適切なものを次の中から一つ選び、記号で答えなさい。

ア　他のものはよくみえて、うらやましく思ってしまうこと。

イ　確固とした信念がないために我慢できずに挫折してしまうこと。

ウ　英文科よりも実験が充実している心理学に魅了されてしまうこと。

エ　高度の定理化により生まれたことわざの存在自体を知らないこと。

問七　空欄【　Ⅱ　】に入る言葉を次の中から一つ選び、記号で答えなさい。

ア　つまり　イ　たとえば　ウ　そして　エ　しかし

問八　傍線部⑤「一般」の対義語を本文中から二字の熟語で抜き出しなさい。

問九　空欄【　Ⅲ　】に入る言葉を次の中から一つ選び、記号で答えなさい。

ア　従僕に英雄なし　イ　夜目、遠目、笠の内

ウ　モウはマダなり、マダはモウなり　エ　ころがる石はコケをつけない

問十　ことわざを実生活に応用する利点を筆者は何と述べていますか。それをまとめた次の文の空欄に当てはまる言葉を、本文中から十字前後で抜き出しなさい。

○〔　　　〕として役に立つ。

問十一　本文の内容について述べた文として適切なものを次の中から一つ選び、記号で答えなさい。

ア　関心・興味の核をはっきりさせ、その核に凝集するさまざまなパターンを一般化し、ことわざを作り出すことにより、本を読まずとも幸福となれる。

イ　仕事や学問、恋愛においてうまくいかなかったことが、ことわざを学ぶことにより思考の体系がつくりあげられ、必ず成功するようになる。

ウ　めいめいの人の具体的経験を一つ一つ記録し、記憶にとどめていくことにより、思考が煩雑化され、物事を簡単に処理できるようになる。

エ　ことわざというのは先人たちが個々の経験を抽象化し、定型化させたものであり、人間の思考の整理法が昔から進んでいたことを指し示す。

三　次の文章を読み、後の問いに答えなさい。（設問の都合上、表記を変えている箇所があります。）

神田にある秤屋《はかりや》に奉公していた仙吉は、番頭たちの鮨屋《すしや》の会話を聞き、どういう具合に旨《うま》いのだろうと思う。ある時、使いに出された仙吉は用を済ませた後、帰りの電車賃四銭を懐に入れ、何かしら惹《ひ》かれる気持ちで屋台の鮨屋の方へ歩いて行った。

若い貴族院議員のAは同じ議員仲間のBから、鮨の趣味は握るそばから、手摑《てづか》みで食う屋台の鮨でなければ解らないというような通をしきりに説かれた。Aは何時《いっ》かその立ち食いをやってみようと考えた。そして屋台の旨いという鮨屋を教わっておいた。

ある日、日暮れ間もない時であった。Aは銀座の方から京橋を渡って、かねて聞いていた屋台の鮨屋へ行ってみた。そこには既に三人ばかり客が立っていた。彼はちょっと躊躇《ちゅうちょ》した。しかし思い切ってとにかく暖簾《のれん》を潜《くぐ》ったが、その立っている人と人との間に割り込む気がしなかったので、彼は少時《しばらく》暖簾を潜ったまま、人の後ろに立っていた。

そのとき不意に横合いから十三、四の※小僧が入って来た。小僧はAを押し退けるようにして、彼の前の僅《わず》かな空《す》きへ立つと、五つ六つ鮨の乗っている前下がりの厚い欅板《けやきいた》の上を忙《せわ》しく見廻《みまわ》した。

「海苔巻きはありませんか」

①「ああ今日は出来ないよ」肥《ふと》った鮨屋の主は鮨を握りながら、なおジロジロと小僧を見ていた。

小僧は少し思い切った調子で、こんなことは初めてじゃないというように、勢いよく手を延ばし、三つ程並んでいる鮪《まぐろ》の鮨の一つを摘まんだ。ところが、なぜか小僧は勢いよく延ばした割にその手をひく時、妙に躊躇した。

「一つ六銭だよ」と主がいった。

小僧は落とすように黙ってその鮨をまた台の上へ置いた。

「一度持ったのを置いちゃあ、仕様がねえな」そういって主は握った鮨を置くと引きかえに、それを自分の手元へかえした。

小僧は何もいわなかった。小僧はいやな顔をしながら、その場がちょっと動けなくなった。しかしすぐある勇気を振るい起こして暖簾の外へ出て行った。

②「当今は鮨も上がりましたからね。小僧さんにはなかなか食べきれませんよ」主は少し具合悪そうにこんなことをいった。そして一つを握り終わると、その空いた手で今小僧の手をつけた鮨を器用に自分の口へ投げ込むようにしてすぐ食ってしまった。

「この間君に教わった鮨屋へ行ってみたよ」

「どうだい」

「なかなか旨かった。それはそうと、見ていると、皆《みんな》こういう手つきをして、魚の方を下にして一ぺんに口へ抛《ほう》り込むが、あれが通なのかい」

「まあ、鮪は大概ああして食うようだ」

「なぜ魚の方を下にするのだろう」

「つまり魚が悪かった場合、舌へヒリリと来るのがすぐ知れるからなんだ」

「それを聞くとBの通も少し怪しいもんだな」

Aは笑い出した。

Aはその時小僧の話をした。そして、

「何だか可哀想《かわいそう》だった。どうかしてやりたいような気がしたよ」といった。

「御馳走《ごちそう》してやればいいのに。幾らでも、食えるだけ食わしてやるといったら、さぞ喜んだろう」

「小僧は喜んだろうが、こっちが冷や汗ものだ」
「冷や汗？　つまり勇気がないんだ」
「勇気かどうか知らないが、ともかくそういう勇気はちょっと出せない。すぐ一緒に出て他所《よそ》で御馳走するなら、まだやれるかも知れないが」
「まあ、それはそんなものだ」とBも賛成した。

　Aは幼稚園に通っている自分の小さい子供がだんだん大きくなっていくのを数の上で知りたい気持ちから、風呂場へ小さな※体量秤を備えつけることを思いついた。そしてある日彼はa**グウゼン**神田の仙吉のいる店へやって来た。
仙吉はAを知らなかった。しかしAの方は仙吉を③認めた。
店の横の奥へ通ずる※三和土《たたき》になった所に七つ八つ大きいのから小さいのまで荷物秤が順に並んでいる。Aはその一番小さいのを選んだ。停車場や運送屋にある大きな物と全く同じで小さい、その可愛い秤を妻や子供がさぞ喜ぶことだろうと彼は考えた。
　番頭が古風な帳面を手にして、
「お届け先はどちら様でございますか」といった。
「そう……」とAは仙吉を見ながらちょっと考えて、「その小僧さんは今、手隙かネ？」といった。
「へえ別に……」
「そんなら少し急ぐから、私と一緒に来て貰《もら》えないかネ」
「かしこまりました。では、車へつけてすぐお供をさせましょう」
　Aは先日御馳走出来なかった代わり、今日どこかで小僧に御馳走してやろうと考えた。
「それからお所とお名前をこれへ一つお願い致します」金を払うと番頭は別の帳面を出して来てこういった。

　Aはちょっと弱った。秤を買う時、その秤の番号と一緒に買い手の住所姓名を書いて渡さねばならぬ規則のあることを彼は知らなかった。名を知らしてから御馳走するのは④同様いかにも冷や汗の気がした。仕方なかった。彼は考え考え出鱈目《でたらめ》の番地と出鱈目の名を書いて渡した。

　客は加減をしてぶらぶらと歩いている。その※二、三間《げん》後ろから秤を乗せた小さい※手車を挽《ひ》いた仙吉がついて行く。
ある※俥宿《くるまやど》の前まで来ると、客は仙吉を待たせて中へ入って行った。間もなく秤は支度の出来た※宿俥《やどぐるま》に積み移された。
「では、頼むよ。それから金は先で貰ってくれ。そのことも名刺に書いてあるから」といって客は出て来た。そして今度は仙吉に向かって、「お前も御苦労。お前には何か御馳走してあげたいからその辺まで一緒においで」と笑いながらいった。
　仙吉は大変うまい話のような、少し薄気味悪い話のような気がした。しかし何しろ嬉しかった。彼はペコペコと二、三度続けざまにお辞儀をした。
　蕎麦屋《そばや》の前も、鮨屋の前も、鳥屋の前も通り過ぎてしまった。「どこへ行く気だろう」仙吉は少し不安を感じ出した。神田駅の高架線の下を潜って松屋の横へ出ると、電車通りを越して、横町のある小さい鮨屋の前へ来てその客は立ち止まった。
「ちょっと待ってくれ」こういって客だけ中へ入り、⑤仙吉は手車の梶棒《かじぼう》を下ろして立っていた。
　間もなく客は出て来た。その後から、若い品のいいかみさんが出て来て、
「小僧さん、お入りなさい」といった。
「私は先へ帰るから、充分食べておくれ」こういって客は逃げるように急ぎ足で電車通りの方へ行ってしまった。

仙吉はそこで三人前の鮨を平らげた。【　Ⅰ　】彼はがつがつとたちまちの間に平らげてしまった。他に客がなく、かみさんがわざと障子を締め切って行ってくれたので、仙吉は見得も何もなく、食いたいようにして鱈腹《たらふく》に食うことが出来た。

茶をさしに来たかみさんに、

「もっとあがれませんか」といわれると、仙吉は赤くなって、

「いえ、もう」と下を向いてしまった。そして、忙しく帰り支度を始めた。

「それじゃあネ、また食べに来て下さいよ。お代はまだたくさん頂いてあるんですからネ」

仙吉は黙っていた。

「お前さん、あの旦那とは前からお馴染《なじ》みなの？」

「いえ」

「へえ……」こういって、かみさんは、そこへ出て来た主と顔を見合わせた。

「粋な人なんだ。それにしても、小僧さん、また来てくれないと、こっちが困るんだからネ」

仙吉はbゲタを穿《は》きながらただ無闇《むやみ》とお辞儀をした。

（志賀直哉『小僧の神様』による）

※小僧…少年の店員。
※体量秤…体重計。
※三和土…玄関などの土間をコンクリートや土などで固めたもの。
※二、三間…一間は約一・八メートル。
※手車…人の手でひく小形の車。荷物などを運ぶ。
※俥宿…くるまひきを雇っておき、人力車や荷車による運送の仕事をするところ。
※宿俥…俥宿で客を待っている人力車。

問一　二重傍線部a「グウゼン」・b「ゲタ」を漢字に改めなさい。

問二　傍線部①「ああ」について、品詞を次の中から一つ選び、記号で答えなさい。

ア　接続詞　イ　動詞　ウ　形容詞　エ　助詞　オ　感動詞　カ　副詞

問三　波線部「ジロジロ」のような、音ではなく事物の様子や状態をそれらしく表した語を何といいますか。漢字で答えなさい。

問四　傍線部②「当今は鮨も上がりましたからね。小僧さんにはなかなか食べきれませんよ」について、この時の主の心情の説明として適切なものを次の中から一つ選び、記号で答えなさい。

ア　年端も行かない少年を力づくで追い出したものの、行き過ぎた行動をしたと反省し、他の客の反応を気にしている。

イ　最近魚の値段が高騰し、経営に行き詰まっており、その苛立《いらだ》ちを小僧に当ててしまった後悔の念を感じている。

ウ　鮨の代金を払えそうにない子どもに対して当然の行動をしたものの、まわりの人の目を気にして取り繕っている。

エ　気まずい雰囲気を何とかしようと思いつつも、小僧の触った鮨がまだ他の客に出せるかが気になり落ち着かないでいる。

問五　傍線部③「認めた」と同じ意味のものを次の中から一つ選び、記号で答えなさい。

ア　相手チームは潔く敗北を認めた。

イ　都心部に幼稚園の開設を認めた。

ウ　人込みの中に両親の姿を認めた。

エ　彼女の画家としての実力を認めた。

問六　傍線部④「同様」が指し示す内容を説明した次の文章の空欄に当てはまる言葉を本文から十五字前後で抜き出しなさい。

〇よく知らない人に「［　　］」と言って御馳走すること。

問七　傍線部⑤「仙吉は手車の梶棒を下ろして立っていた」について、客に連れられてここに至るまでの仙吉の心情を説明したものとして適切なものを、次の中から一つ選び、記号で答えなさい。

ア　見知らぬ人の誘いに戸惑いはあるものの、御馳走を食べられることに期待してついていった。しかし、お店を次々と通り過ぎていくため、徐々に不安な気持ちが募ってきている。

イ　「御苦労」と日ごろの仕事の労をねぎらわれ、かつ御馳走するという話を聞き、非常に愉快な気持ちとなった。そのため、客を信頼しきり、ただただ言われるままについてきてしまった。

ウ　御馳走すると言われ嬉しいと思いついてきたものの、いつわりの住所姓名を書いた男は信用ならないため、どこへ連れられて行くのかと不安を感じだしてきている。

エ　立ち食い鮨屋で鮨を食べられなかった恥ずかしい姿を目撃されている男に対して複雑な感情を抱いており、不安を完全には拭い切れていないものの、御馳走すると言われ素直に嬉しく思っている。

問八　空欄【　Ⅰ　】に当てはまる言葉として適切なものを次の中から一つ選び、記号で答えなさい。

ア　長年飼われている猫が定時に与えられる餌を食べるかのように

イ　まだ若い親猿が子猿に自分の獲った食物を食べさせるように

ウ　満腹の子ねずみがなおも母に食べ物をねだるかのように

エ　餓《う》え切った痩せ犬が不時の食にありついたかのように

問九　本文の表現に関する説明として適切なものを次の中から一つ選び、記号で答えなさい。

ア　短い会話文が連続で記されており、せっかちに会話する登場人物の東京気質が感じられる。

イ　「はかり」が店に並んでいる様子は、後の仙吉とAが並んで道を歩く未来を暗示している。

ウ　街中の電車や建物の風景描写は、見知らぬ客に連れられていく仙吉の不安な気持ちを表現している。

エ　「A」を「客」、「仙吉」を「小僧」と表現し、双方の視点から語ることで物語に奥行きを与えている。

四　次の文章を読み、後の問いに答えなさい。（設問の都合上、表記を変えている箇所があります。）

> かねてより思いを寄せていた松島にようやく訪れることのできた一行は、その景観に感動をおぼえた。本文はその続きである。

雄島《をじま》が磯《いそ》は地《ち》つづきて海に出《い》でたる島なり。《陸から地続きで海に突き出ている島である。》※雲居禅師《うんこぜんじ》の別室の跡《あと》、坐禅《ざぜん》石など有り。将《はた》、松の木陰《こかげ》に世を A いとふ人も稀々《まれまれ》見え侍《はべ》りて、《俗世間を避けて住む人もちらほら見えまして》落穂・松笠など《落ち葉や松かさを》打ちけぶりたる《焼く煙が立ち上っている》草の庵《いほり》、《草庵に》B しづかに住みなし、《住んでいる様子で、》いかなる人とは知られずながら、先《ま》づなつかしく、《何よりもまず懐かしく》立寄《たちよ》るほどに、月海にうつりて、①昼のながめ又あらたむ。江上《かうしやう》に帰りて《松島の海岸に戻って》宿を求むれば、《(その宿は)》窓をひらき二階を作りて、②風雲の中に旅寝するこそ、あやしきまで妙《たへ》なる心地はせらるれ。

松島や鶴に身をかれほととぎす　※曾良《そら》
《松島のこの壮大な景色には鶴の姿がふさわしい。そこに鳴いているほととぎすよ、お前も鶴の姿になって鳴き渡ってくれ。》

③予は④口をとぢて、⑤(眠る)としていねられず。旧庵《きうあん》をわかるる時、《前の居宅を離れる時、》※素堂《そだう》松島の《松島の》詩あり、《詩を作ってくれた。》※原安適《はらあんてき》松が浦島の和歌を贈らる。《和歌を贈ってくれた。》袋を解きて《(袋には)》C こよひの友とす。且《か》つ、※杉風《さんぷう》・濁子《ぢよくし》が発句《ほつく》あり。《杉風や濁子が贈ってくれた発句もある。》

（『奥の細道』による）

※雲居禅師…松島にある瑞巌寺《ずいがんじ》の僧。
※曾良…芭蕉門下の俳人。
※素堂…芭蕉と親交のあった俳人。漢詩に詳しい。
※原安適…歌人としても当時有名だった医師。
※杉風・濁子…ともに芭蕉門下の俳人。

問一　二重傍線部A「いとふ」・B「しづか」・C「こよひ」をそれぞれ現代仮名遣いに改め、平仮名で答えなさい。

問二　傍線部①「昼のながめ又あらたむ」とはどういうことですか。その説明として適切なものを次の中から一つ選び、記号で答えなさい。

ア　筆者は昼の松島の景色に感動した。夜になり月が上ると、昼とはまた異なる趣深い景色になったということ。

イ　筆者は昼の松島の景色に感動した。夜になり月が上ると、昼の眺めの美しさがいっそう際立ったということ。

ウ　筆者は昼の松島の景色に一通り感動したものの、よく考えると昼に眺めた景色は期待はずれだったということ。

エ　筆者は昼の松島の景色に一通り感動したものの、きちんと景色と向きあわなかった自分の姿勢に失望したこと。

問三　傍線部②「風雲の中に旅寝するこそ、あやしきまで妙なる心地はせらるれ」について、

Ⅰ　ここでは「係り結び」が成立しています。結びの語「らるれ」の活用形として適切なものを次の中から一つ選び、記号で答えなさい。

ア　未然形　　イ　終止形　　ウ　連体形　　エ　已然形

Ⅱ　「あやし」の意味として適切なものを次の中から一つ選び、記号で答

えなさい。

ア　見苦しい　イ　よくない　ウ　不思議だ　エ　粗末だ

問四　傍線部③「予」とはいったい誰のことですか。適切なものを次の中から一つ選び、記号で答えなさい。

ア　雲居禅師　イ　曾良　ウ　芭蕉　エ　素堂

問五　傍線部④「口をとぢて」とはどういうことを言っていますか。適切なものを次の中から一つ選び、記号で答えなさい。

ア　自らの文才のなさに腹が立ち絶句しているということ。

イ　素晴らしい景色に心動かされ句作ができないということ。

ウ　弟子の句のふがいなさに口惜しく感じているということ。

エ　「世をいとふ人」にあきれ口がきけなくなるということ。

問六　傍線部⑤「(眠る)」を「眠ろう」という意味に解釈するとき、適切な形に直したものを次の中から一つ選び、記号で答えなさい。

ア　眠り　イ　眠らん　ウ　眠く　エ　眠らる

問七　曾良の俳句（「松島や……」）について、季語を答えなさい。

問八　出典である『奥の細道』について、(1)文学ジャンル、(2)成立時代として適切なものを次の中からそれぞれ一つずつ選び、記号で答えなさい。

(1)　ア　随筆　イ　紀行文　ウ　軍記物　エ　日記

(2)　ア　鎌倉時代　イ　室町時代　ウ　安土桃山時代　エ　江戸時代

このページは余白です。

受験番号	

日本大学山形高等学校

令和4年度　入学試験

数学問題

時間割

1	国語	9：00～9：50
2	数学	10：20～11：10
3	社会	11：40～12：30
	昼食	12：30～13：10
4	理科	13：10～14：00
5	英語	14：30～15：20

注意事項

1 「開始」のチャイムが鳴るまで，開かないでください。

2 「開始」のチャイムが鳴ったら，解答用紙に受験番号を書いてください。

3 問題冊子は，1ページから7ページまであります。試験開始と同時にページを確認してください。

4 答えは，すべて解答用紙に書いてください。

5 「終了」のチャイムが鳴ったら，すぐに鉛筆を置き，受験番号が書いてある方を表にして，後ろから自分の解答用紙を上にのせて，前の人に渡してください。

6 問題の内容についての質問には一切応じません。それ以外のことについて尋ねたいことがあれば，手をあげて聞いてください。

7 次のものは使用しないでください。

下じき，分度器，計算・単語表示機能・送信機能等の付いた腕時計，携帯電話，ボールペン。ただし，三角・直定規，コンパスは使用してかまいません。

1 次の計算をしなさい。

(1) $6-(-2)\times 3-5\div 5$

(2) $6\left(\frac{1}{2}+\frac{1}{3}-\frac{1}{6}\right)$

(3) $\sqrt{3}+\sqrt{48}$

(4) $4x^2y\times(-2xy)\div 16y$

2 次の問いに答えなさい。

(1) $a=3$, $b=-1$ のとき，$3(2a-5b)-4(a-4b)$ の値を求めなさい。

(2) 方程式 $\frac{1}{2}x-1=\frac{x-2}{5}$ を解きなさい。

(3) 連立方程式 $\begin{cases} 0.7x-0.3y=1.1 \\ 2x+3y=7 \end{cases}$ を解きなさい。

(4) 2次方程式 $3x^2-5x+1=0$ を解きなさい。

(5) $(x+y+6)(x-y+6)$ を展開しなさい。

(6) $ax^2-12ax+27a$ を因数分解しなさい。

(7) 下の図で $\angle x$ の大きさを求めなさい。

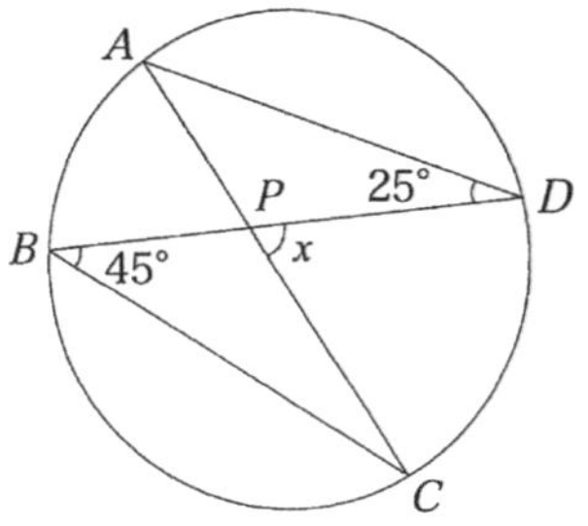

(8) A, B, C の3人でじゃんけんを1回するとき，あいこになる確率を求めなさい。

3　下の図において，①は比例のグラフ，②は反比例のグラフである。点Aの座標は（－２，２）で，点Aと点Bのy座標は等しく，点Bと点Cのx座標は等しい。
次の問いに答えなさい。

(1)　②のグラフの式を求めなさい。

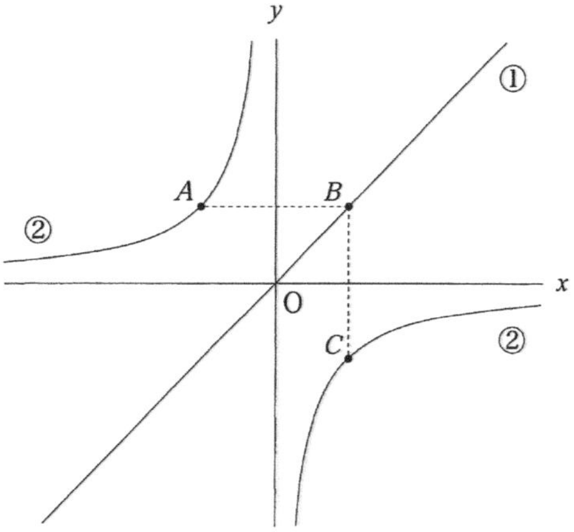

(2)　点Aと点Bがy軸について対称なとき，①のグラフの式を求めなさい。

(3)　①のグラフの式が$y=2x$のとき，BCの長さを求めなさい。

4　下の図のように，関数 $y=x^2$ のグラフ上に２点A，B，y 軸上に２点C，Dがあり，四角形ACBDは正方形である。ただし，点Aの x 座標は正，点Cの y 座標の方が点Dの y 座標よりも大きいものとする。このとき，次の問いに答えなさい。

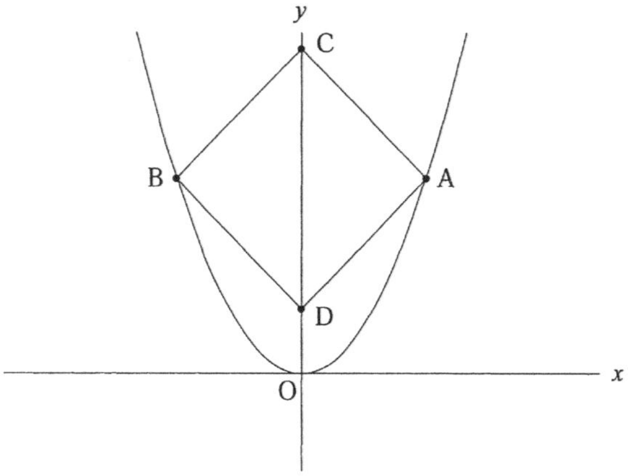

(1)　点Aの x 座標が２のとき，点Aの y 座標を求めなさい。

(2)　(1)のとき，直線ADの式を求めなさい。

(3)　点Cの座標が（０，12）であるときの正方形ACBDの面積を求めなさい。

5　下の図のように，∠A＝45°，∠C＝60°となる△ABCと，辺ABを直径とする半円（点Oは辺ABの中点）がある。辺AC，BCと半円の交点をそれぞれD，Eとし，AB＝6とするとき，次の問いに答えなさい。

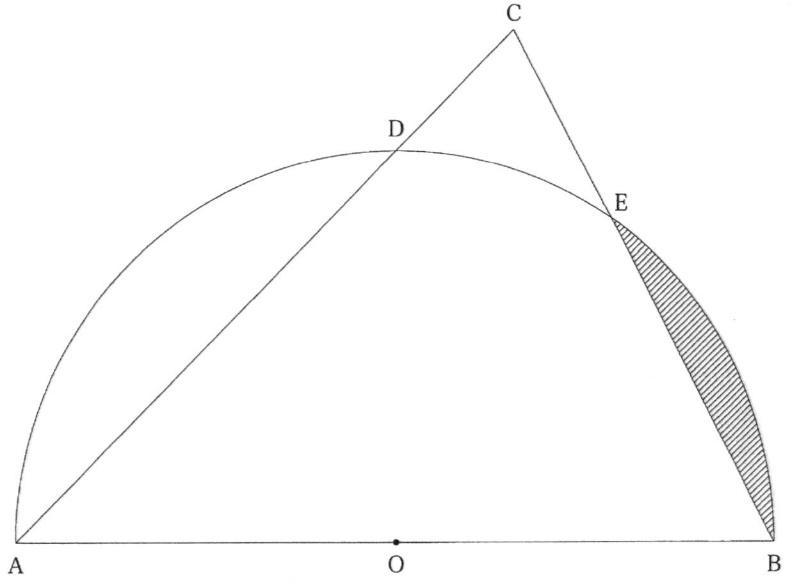

(1)　線分ADの長さを求めなさい。

(2)　点Eと点Oを結ぶ。∠EOBの大きさを求めなさい。

(3)　円周率をπとして，斜線部分の面積を求めなさい。

6　下の会話はＡさんとＢさんの数学の宿題についてのものである。［　　　］に当てはまる適語を答えなさい。

数学の宿題

左の図のように●を並べていく。1段目からx段目まで並べられた●の総数をxを用いて表しなさい。

Ａ：何か難しそうな問題だね。

Ｂ：何かヒントになることが見つかればいいのにね。

Ａ：じゃあ，分かるものから考えてみようよ。

Ｂ：うん。1段目は2個，2段目は4個，3段目は6個並んでいるよ。

Ａ：そうだね。ということはx段目は［　①　］個並ぶことになるね。

Ｂ：これを全部足せば$2+4+6+\cdots+$［　①　］となるけど，こんな計算できないよ。

Ａ：うーん。どうしたらいいんだろう。

Ｂ：ちょっと待って。下の図のように，1番左の列の●を分けて考えるのはどう？

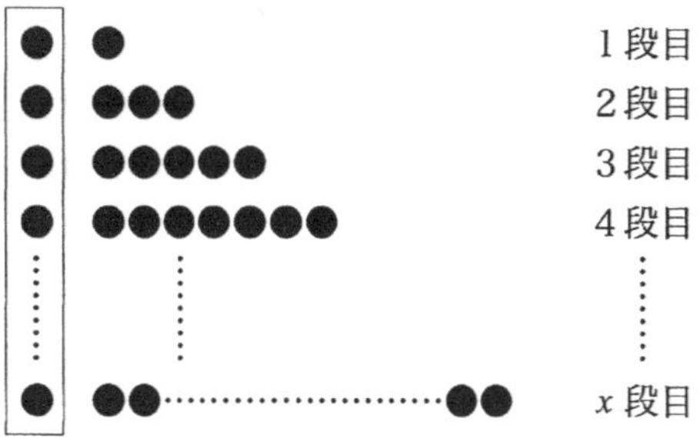

Ａ：どういうこと？

Ｂ：つまり，1番左の列は全部で1段目からx段目まであるからx個あるでしょ。

Ａ：そうだね。

Ｂ：だから，1番左の列のx個は別に考えて，最後にx個足せばいい。

Ａ：うーん。まだ言ってることが良く分からないんだけど。

Ｂ：1番左の列を考えないとするとね。1段目は1個，2段目は3個，3段目は5個になって，●の数は1段目が1個，1段目から2段目までは$1+3=4$個，1段目から3段目までは$1+3+5=9$個となるでしょ。

Ａ：ナイスアイデアだね。じゃあ，1番左の列を考えないとすると，1段目から6段目までの●の総数は［　②　］個になるね。

Ｂ：そうでしょ。だから，1番左の列を考えないとすると，1段目からx段目までの●の総数は［　③　］個になるわけ。

Ａ：ということは，1番左の列のx個と今求めたものを合わせればよいから，宿題の答えは［　④　］個になる。

Ｂ：良かった。これで宿題できたね。

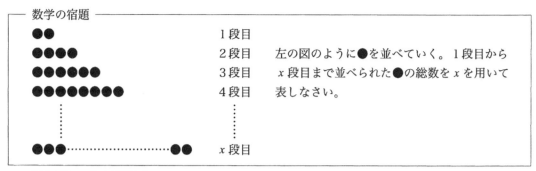

受験番号	

日本大学山形高等学校

令和4年度　入学試験

社会問題

時間割

1	国語	9：00～9：50
2	数学	10：20～11：10
3	社会	11：40～12：30
	昼食	12：30～13：10
4	理科	13：10～14：00
5	英語	14：30～15：20

注意事項

1 「開始」のチャイムが鳴るまで，開かないでください。

2 「開始」のチャイムが鳴ったら，解答用紙に受験番号を書いてください。

3 問題冊子は，1ページから11ページまであります。試験開始と同時にページを確認してください。

4 答えは，すべて解答用紙に書いてください。

5 「終了」のチャイムが鳴ったら，すぐに鉛筆を置き，受験番号が書いてある方を表にして，後ろから自分の解答用紙を上にのせて，前の人に渡してください。

6 問題の内容についての質問には一切応じません。それ以外のことについて尋ねたいことがあれば，手をあげて聞いてください。

7 次のものは使用しないでください。

下じき，分度器，計算・単語表示機能・送信機能等の付いた腕時計，携帯電話，ボールペン。

1 以下の問いに答えなさい。

図1

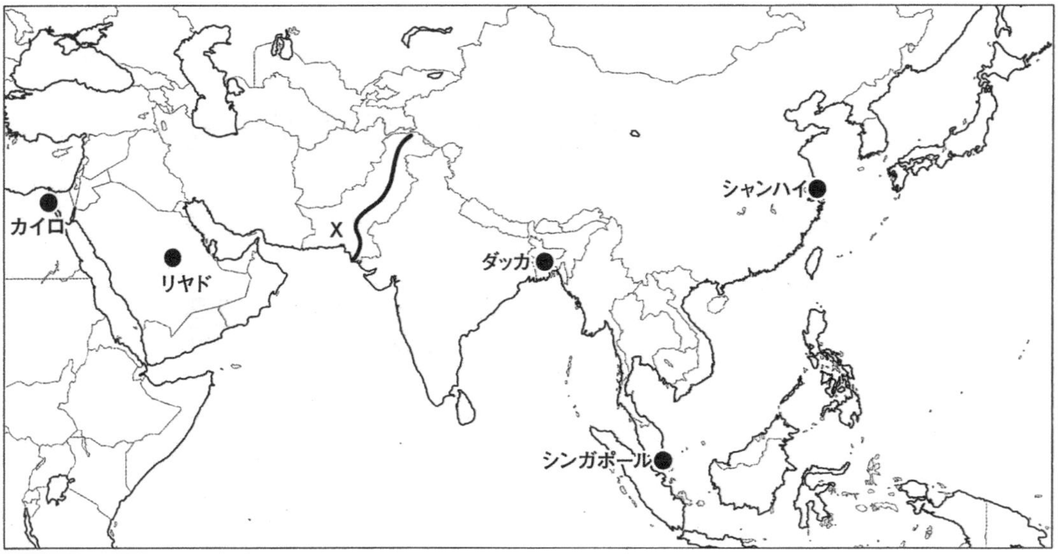

問1 **図1**中で東経90度の経線を標準時子午線と定めているダッカが1月30日10：00のとき，カイロは1月30日6：00であった。カイロは何度の経線を標準時子午線と定めているか答えなさい。

問2 **図1**中には，流域に古代文明が発達している河川もある。古代文明が成立した**図1**中の**X**の河川名を答えなさい。

問3 下表①～③の雨温図は，**図1**中の都市であるリヤド・シンガポール・シャンハイのいずれかを示している。表①～③と都市との組み合わせとして正しいものを，下の**ア～カ**から一つ選び，記号で答えなさい。

①

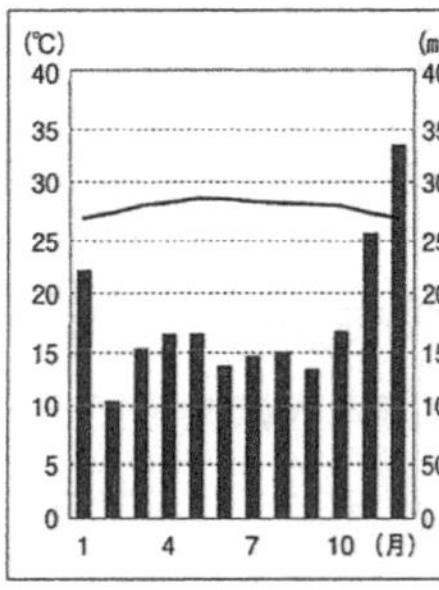

②

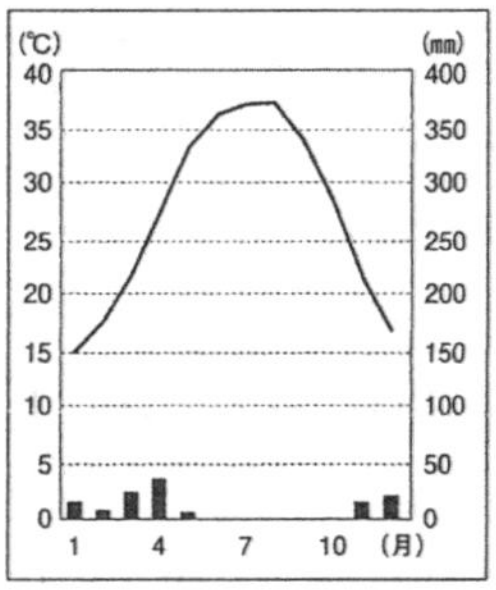

③

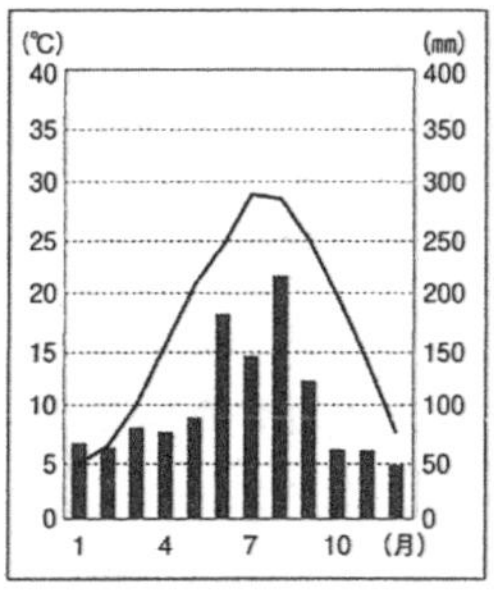

気象庁「世界の地点別平年値」をもとに作成

	ア	イ	ウ	エ	オ	カ
リヤド	①	①	②	②	③	③
シンガポール	②	③	①	③	①	②
シャンハイ	③	②	③	①	②	①

問4　**図1**中の一部の地域ではプランテーションでの農業が行われている。下表**A～E**は，プランテーションで栽培される主な作物である，バナナ，コーヒー豆，茶，油やし（パーム油），カカオ豆の生産国とその生産量割合（%）を示している。茶に当てはまるものを，**A～E**から一つ選び，記号で答えなさい。

A		B		C		D		E	
中　国	41.2	インドネシア	56.8	ブラジル	34.5	コートジボワール	37.4	インド	26.6
インド	21.2	マレーシア	27.3	ベトナム	15.7	ガーナ	18.0	中　国	9.7
ケニア	7.8	タ　イ	3.9	インドネシア	7.0	インドネシア	11.3	インドネシア	6.3
スリランカ	4.8	コロンビア	2.3	コロンビア	7.0	ナイジェリア	6.3	ブラジル	5.8
トルコ	4.3	ナイジェリア	1.5	ホンジュラス	4.7	カメルーン	5.9	エクアドル	5.6
計　6338千t		計　71453千t		計　10303千t		計　5252千t		計　11574万t	

「データブック・オブ・ザ・ワールド　2021」をもとに作成

問5　プランテーションでの農業について，その作物の輸出国は，輸入国からより安い価格での提供を求められることがあり，輸出国の利益が少なくなってしまうため，人々の生活に反映されないこともある。そのため，より適正な価格で取引を行い，人々の生活と自立を支える取り組みを何というか，**カタカナ**で答えなさい。

問6　**図1**中の国や地域でみられる鉱工業の特徴について述べた文として**適切でないもの**を，次の**ア～エ**から一つ選び，記号で答えなさい。

ア　中国は工業化が急速に進展し，工業製品が世界中に輸出されるようになり，「世界の工場」と呼ばれるようになった。

イ　東南アジアでは，工業化により都市部と農村部の経済格差が大きくなり，多くの国で都市から農村への人口流出が問題になっている。

ウ　インドにおいて情報通信関連産業が発達した理由の一つとして，英語を話せる技術者が多いことがあげられる。

エ　西アジアでは，豊富にある原油を輸出することで得られる利益を，道路，学校や病院などの公共施設の整備に役立てている国もある。

問7　アジアでは，多くの民族が生活しており，各地で信仰されている宗教もさまざまである。右表は，フィリピン，マレーシア，インド，サウジアラビアの宗教別人口割合である。表中の凡例**A～C**に当てはまる宗教名の組み合わせとして正しいものを，下の**ア～カ**から一つ選び，記号で答えなさい。

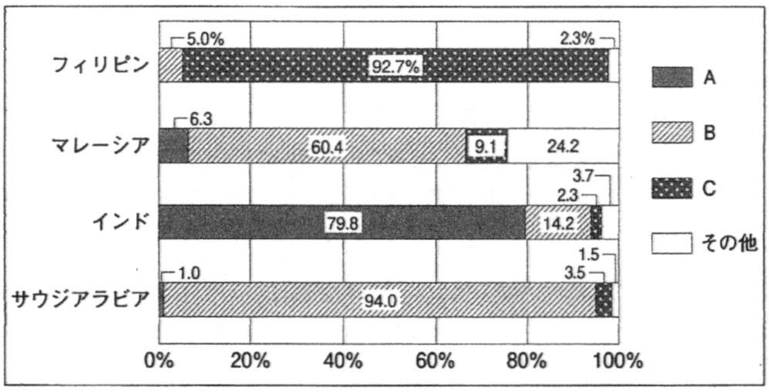

「データブック・オブ・ザ・ワールド　2021」をもとに作成

	ア	イ	ウ	エ	オ	カ
A	イスラム教	イスラム教	キリスト教	キリスト教	ヒンドゥー教	ヒンドゥー教
B	キリスト教	ヒンドゥー教	イスラム教	ヒンドゥー教	イスラム教	キリスト教
C	ヒンドゥー教	キリスト教	ヒンドゥー教	イスラム教	キリスト教	イスラム教

2　以下の問いに答えなさい。

図1

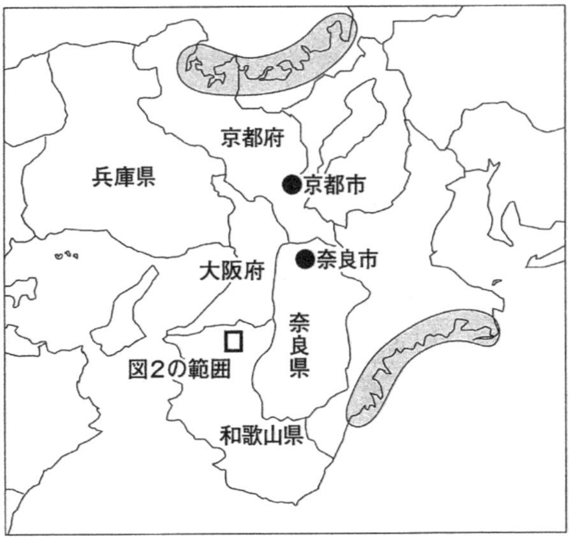

問1　**図1**中のには，小さな岬と湾が繰り返す海岸が広がっている。このような海岸を何海岸というか答えなさい。

問2　下表は，**図1**中に位置する各府県の農業産出額などをまとめたものであり，表中**ア〜エ**は，京都府，大阪府，兵庫県，和歌山県のいずれかである。京都府を示すものとして正しいものを，表中の**ア〜エ**から一つ選び，記号で答えなさい。

	農業産出額(億円)	製造品出荷額(十億円)	工業比率(%)			産業別人口構成割合(%)		
			重工業	化学工業	軽工業	第1次産業	第2次産業	第3次産業
ア	332	16996	55.1	27.3	17.6	0.4	23.8	75.7
イ	1158	2665	48.2	35.1	15.8	8.4	21.0	70.6
ウ	1544	15666	60.6	19.9	19.5	1.9	25.0	73.0
エ	704	5736	46.5	9.2	44.3	1.7	23.6	74.7

「データブック・オブ・ザ・ワールド　2021」をもとに作成

問3　**図1**中には，奈良市や京都市など古くから発達している街が多くある。このような街では歴史的な文化財や伝統工芸品などが観光資源として活かされている。歴史的な景観を保全するための取り組みとして**適切でないもの**を，次の**ア〜エ**から一つ選び，記号で答えなさい。

ア　屋上看板を禁止するなど，屋外広告物に規制を行う。
イ　電線や電話線などを地中化し，電柱をなくす。
ウ　エネルギーの自給を目指し，屋根に太陽光発電パネルをつける。
エ　周囲の街並みと調和するよう，建物の形や色を工夫する。

問4　**図2**は**図1**中の□地域の地形図である。**図2**を見て，以下のⅠ～Ⅴの各問いに答えなさい。

Ⅰ　**図2**中の点Aから点Bまでの地図上での長さは，7.5cmであった。実際の距離を求めなさい。ただし，**単位はm（メートル）で答えること**。

Ⅱ　**図2**中にはため池が見られる。ため池が作られた目的として最も適切なものを，次の**ア～エ**から一つ選び，記号で答えなさい。

ア　農業に用いる農業用水を確保するため。
イ　炭鉱から湧き出る地下水を貯留するため。
ウ　海水魚の養殖場として活用するため。
エ　工場で用いる工業用水を確保するため。

Ⅲ　集中豪雨などによりため池が決壊し，氾濫被害が発生することもある。その際の被害範囲や可能性，避難場所などを示した地図を何というか，**カタカナ**で答えなさい。

図2

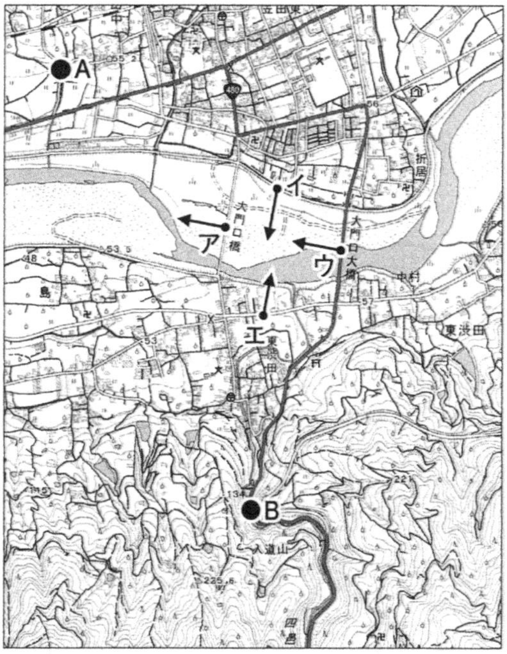

「電子地形図25000（国土地理院）〔縮尺1/25,000〕」をもとに作成

Ⅳ　**図2**中には果樹園が見られる。右表は，この地域でも栽培されているある果樹について，収穫量が多い県とその収穫量を示している。右表に示されている作物名を答えなさい。

都道府県	収穫量（千t）
和歌山	156
静岡	115
愛媛	114
熊本	90
長崎	50
計	774

「データブック・オブ・ザ・ワールド　2021」をもとに作成

Ⅴ　下の写真は，**図2**中**ア～エ**のいずれかの地点から矢印の方向に向かって撮影されたものである。写真の撮影地点として正しいものを**ア～エ**から一つ選び，記号で答えなさい。

3　下のA，B，Cの各文を読み，以下の問いに答えなさい。

A

日本では，６世紀末～７世紀初頭にかけて，①聖徳太子が，天皇を中心とする政治体制を整えようと，積極的に大陸の進んだ制度や文化を取り入れていった。彼の死後，大化改新を経て，改革が進められた結果，戸籍をもとに，②班田収授が実施され，701年には大宝律令が完成した。日本は中国を手本として律令国家を建設したが，国民の負担が重過ぎることで逃亡する者も多く，８世紀半ばからは，さまざまな修正が行われた。

問１　下線部①に関する，下のa，bの記述の正誤の組み合わせとして正しいものを**ア～エ**から一つ選び，記号で答えなさい。

a　家柄にとらわれず才能ある人材を登用するため冠位十二階の制を定めた。

b　留学僧の鑑真らとともに小野妹子を隋に派遣した。

ア　a＝正，b＝正　　**イ**　a＝正，b＝誤　　**ウ**　a＝誤，b＝正　　**エ**　a＝誤，b＝誤

問２　下線部②に関する，下の（ a ）（ b ）に入る数字の組み合わせとして正しいものを**ア～エ**から一つ選び，記号で答えなさい。

６歳以上の良民男子には（ a ）段の口分田が与えられ，良民女子にはその（ b ）分の２が与えられた。

ア　a＝2，b＝3　　**イ**　a＝2，b＝5　　**ウ**　a＝3，b＝5　　**エ**　a＝3，b＝3

問３　聖徳太子が活躍した時代のできごととして，最も適切なものを**ア～エ**から一つ選び，記号で答えなさい。

ア　神の前では信ずる者は皆救われるというイエスの教えが，ローマ帝国で公認された。

イ　ムハンマドは，唯一神アッラーの教えに従うことが大切であるという，イスラム教を開いた。

ウ　シャカは，修行して悟りを開くことで苦しみから救われるという，仏教の教えを説いた。

エ　ギリシャでは，成人男子市民による民主政治が行われた都市国家が栄えた。

B

12世紀末期，源頼朝は鎌倉に幕府を開いた。彼が亡くなると，妻，政子の実家である北条氏が権力を強め，将軍を補佐する執権を世襲することで幕府の実権を握っていった。鎌倉幕府は，①二度に渡る元寇も退けたが，戦費負担で困窮する御家人が増える中，権力を強化する北条氏への反感が高まった。②後醍醐天皇はこれら不満を持つ人々を味方につけ，1333年，鎌倉幕府を滅ぼした。

問４　下線部①の時に，執権として幕府を率いていた人物を**ア～エ**から一つ選び，記号で答えなさい。

ア　北条泰時　　**イ**　北条時政　　**ウ**　北条政子　　**エ**　北条時宗

問５　下線部②の人物に関する，下のa，bの記述の正誤の組み合わせとして正しいものを**ア～エ**から一つ選び，記号で答えなさい。

a　鎌倉幕府の滅亡後，武士を重く用い貴族を軽視する政治を行ったため，多くの貴族に背かれ，足利尊氏に捕らわれ政権を奪われたが，吉野に脱出して抵抗を続けた。

b　天皇に権力を集めようとしたため，政治が混乱，停滞した。それを批判する「此比都ニハヤル物」ではじまる落書が京都の二条河原に貼り出された。

ア　a＝正，b＝正　　**イ**　a＝正，b＝誤　　**ウ**　a＝誤，b＝正　　**エ**　a＝誤，b＝誤

問6　鎌倉時代のできごととして，最も適切なものを**ア〜エ**から一つ選び，記号で答えなさい。

ア　ドイツのルターらが宗教改革をはじめた。

イ　ポルトガルのバスコ＝ダ＝ガマは，アフリカ南端を経由し，インドに到達した。

ウ　イギリスで，クロムウェルの指導によりピューリタン革命が起きた。

エ　約200年に及んだ，イスラム勢力からエルサレムを奪還するための十字軍の遠征が終わった。

C

鎌倉時代にはじまった二毛作は，室町時代にはさらに普及していった。新しい技術によって生産力が向上していくとさまざまな産業が盛んになり，運送業や①金融業が発達した。また豊かになった農民によって村の自治が行われることも始まった。京都周辺では，15世紀前半に，②借金の帳消しを求める一揆が起こるようになった。

問7　下線部①について，室町時代に京都で金貸し業を営んでいたものを**ア〜エ**から一つ選び，記号で答えなさい。

ア　土倉　　**イ**　馬借　　**ウ**　株仲間　　**エ**　両替商

問8　下線部②について，このような一揆は何とよばれたか。**ア〜エ**から一つ選び，記号で答えなさい。

ア　百姓一揆　　**イ**　一向一揆　　**ウ**　土一揆　　**エ**　国一揆

4　以下の問いに答えなさい。

問1　下の**ア〜ウ**の絵を，描かれた時代順に並べ，記号で答えなさい。（古い方から書きなさい）

ア

イ

ウ

問2　右は，江戸時代の一揆の際にたびたび見られる署名方法である。なぜ，このような方法がとられたのか，20字以内で説明しなさい。

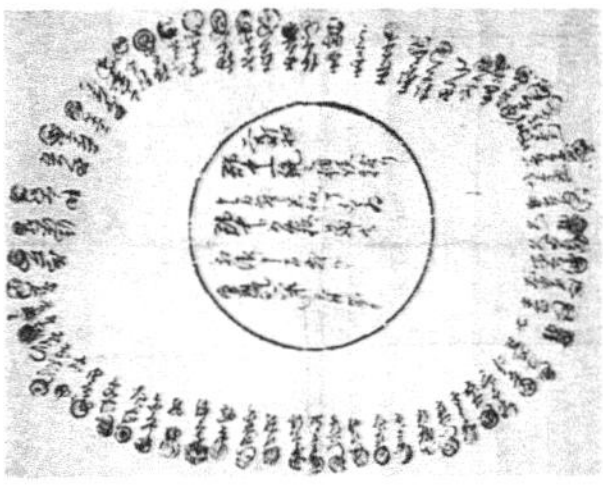

5　下の各イラストや写真に関連して書かれた文中の下線部①～④には，一ヵ所誤りがある。その番号を答え，正しい語を**ア～エ**から一つ選び，記号で答えなさい。

問１

朝鮮をめぐり，日本と清が対立するなか，①ロシアもシベリア鉄道の建設により東アジアへの進出準備が進んだ。そんななか，朝鮮民衆が，政治改革と外国人の排除を要求した②江華島事件を起こした。朝鮮の反乱鎮圧要請に応えて出兵した清に対抗して日本も出兵し，両軍は朝鮮で衝突した。日清戦争である。軍備にまさる日本が勝利し，③下関で講和が結ばれた。この講和で日本は④台湾を領有した。

ア　アメリカ　　**イ**　甲午農民戦争　　**ウ**　ポーツマス　　**エ**　朝鮮

問２

1904年，日露戦争が勃発した。ロシアの東アジア進出を警戒するイギリスやアメリカの支援を受け，日本は①日本海海戦での勝利を機に講和を結ぶことに成功した。これによって日本は旅順・②大連の租借権や③長春・旅順間の鉄道利権など，大陸進出の足がかりを得たが，賠償金は得られなかった。増税に耐え，戦争に協力してきた国民は講和内容に怒り，締結日である９月５日，④大阪で暴動を起こした。

ア　黄海　　**イ**　威海衛　　**ウ**　奉天　　**エ**　日比谷

問３

第一次世界大戦によって，日本は，西欧諸国への①船舶などの工業製品の輸出を飛躍的に伸ばした。1915年には列強のアジア勢力が減退したことをうけ，中国に対して二十一か条の要求を突きつけ，ドイツから奪った②山東半島の権益の日本への移譲を認めさせた。中国は，大戦後の③ワシントン講和会議でこれに抗議，返還を要求したが認められなかった。そのため，1919年④５月４日に起きた北京の学生による反日運動が，全国へと広がった。

ア　自動車　　**イ**　遼東半島　　**ウ**　パリ　　**エ**　３月１日

問4

聯盟よさらば！遂に

總會、勸告書を採擇し
我が代表堂々退場す
四十二對一票、棄權一

奉天郊外の①盧溝橋で南満州鉄道が爆破された事件を理由に，関東軍は満州を占領し，清朝最後の皇帝②溥儀を執政とする満州国を建国した。国際連盟は③イギリス人のリットンを団長とする調査団を派遣し，満州国に正当性がなく，承認できないと結論した。これを不服とした日本は④1933年、国際連盟からの脱退を通告した。

ア　柳条湖　　イ　孫文　　ウ　アメリカ人　　エ　1931年

問5

太平洋戦争下，1942年6月，①ミッドウェー海戦後，戦局は日本に不利になり，学徒出陣や勤労動員の拡大など，国民の戦争への動員が一層強まった。1944年7月に②サイパン島が陥落すると，日本本土への空襲が激しくなり，都市の小学生は農村に集団で疎開した。1945年3月の③東京大空襲では約10万人が命を落とした。同年④7月に広島・長崎に原爆が落とされ，ソ連が日ソ中立条約を破棄して参戦したことで，日本は降伏した。

ア　真珠湾攻撃　　イ　沖縄本島　　ウ　硫黄島の戦い　　エ　8月

問6

1950年代から続いた日本の高度経済成長は国民の生活を豊かにしたが，一方で①三重県四日市の大気汚染などの公害問題をはじめとする，多くの社会問題を生み出した。1967年には②公害対策基本法が制定され，こうした問題への取り組みがはじまった。1973年の③ベトナム戦争をきっかけに石油価格が大幅に上昇，先進工業国では④オイル・ショックと呼ばれる深刻な不況が発生した。

ア　熊本県水俣　　イ　環境庁が設置
ウ　中東戦争　　エ　ドル・ショック

6 以下の問いに答えなさい。

次の資料は，太郎君のクラスで公民の授業での探究学習として各グループが取り上げたテーマである。これを見て，あとの問いに答えなさい。

資料

グループ	テーマ	調べた内容
A	①現代社会と私たちの生活	持続可能な社会，情報化，少子化
B	②人権と③日本国憲法	新しい人権，天皇の国事行為
C	④国会の仕組みと⑤内閣	議院内閣制
D	⑥選挙制度	選挙権，衆議院・参議院の選挙
E	⑦司法	裁判の事例
F	⑧地方自治と私たち	直接請求権

問１　下線部①に関連して，現代社会の特色についての説明で**適当でないもの**を，次の**ア**～**エ**から一つ選び，記号で答えなさい。

ア　現代の世代と将来の世代の幸福を両立させる持続可能な社会の実現が必要とされる。

イ　大量の情報の中から必要な情報を選び，適切に活用する情報リテラシーが求められる。

ウ　少子化の背景には，働くことと子育てとの両立の難しさや，合計特殊出生率の減少などがある。

エ　現代では情報通信技術が急速に発達し，ICTと呼ばれる人工知能も大きく進化している。

問２　下線部②に関連して，次の文章の空欄［ a ］に当てはまる語句を**漢字**で答えなさい。

> 情報化が急速に進展するなかで，日本国憲法第13条に規定されている［ a ］権などを根拠として，「新しい人権」が主張されている。例えば，個人の私生活に関する情報が不当に公開されないなどを内容とするプライバシーの権利も「新しい人権」である。

問３　下線部③に関連して，日本国憲法において，天皇は日本国の象徴として位置づけられ，国事行為を行うと定められている。天皇の国事行為に**該当しないもの**を，次の**ア**～**エ**から一つ選び，記号で答えなさい。

ア　予算の承認　　**イ**　法律の公布　　**ウ**　衆議院の解散　　**エ**　内閣総理大臣の任命

問４　下線部④に関連して，国会についての説明で**適当でないもの**を，次の**ア**～**エ**から一つ選び，記号で答えなさい。

ア　国会には３種類の会期があり，そのうち常会（通常国会）は，毎年１回，１月中に招集され，会期は150日間である。

イ　条約の承認について，参議院が衆議院と異なった議決をした場合，両院協議会でも意見が一致しないときには，衆議院の議決が国会の議決となる。

ウ　内閣総理大臣の指名について，衆議院の議決の後10日以内に参議院が議決しないとき，衆議院の議決が国会の議決となる。

エ　内閣不信任の決議は，衆議院・参議院ともに行うことができるが，衆議院が先に審議することが定められている。

問５　下線部⑤に関連して，次の日本国憲法の条文の空欄［ b ］・［ c ］に当てはまる語句を**漢字**で答えなさい。

第66条③　内閣は，行政権の行使について，［ b ］に対し［ c ］して責任を負う。

問６　下線部⑥に関連して，次の文章の空欄（ d ）～（ f ）に当てはまる語句の組み合わせとして正しいものを，次の**ア～ク**から一つ選び，記号で答えなさい。

2015年，（ d ）が改正され選挙権の年齢が満18歳に引き下げられた。（ e ）議員の選挙は，小選挙区制と比例代表制による選挙制度で行われる。（ e ）議員の選挙と同時に（ f ）の投票が行われることが日本国憲法に規定されている。

ア　d－普通選挙法　e－衆議院　f－違憲審査　　**イ**　d－普通選挙法　e－衆議院　f－国民審査
ウ　d－普通選挙法　e－参議院　f－違憲審査　　**エ**　d－普通選挙法　e－参議院　f－国民審査
オ　d－公職選挙法　e－衆議院　f－違憲審査　　**カ**　d－公職選挙法　e－衆議院　f－国民審査
キ　d－公職選挙法　e－参議院　f－違憲審査　　**ク**　d－公職選挙法　e－参議院　f－国民審査

問７　下線部⑦に関連して，次の文章は裁判の事例について述べたものである。この訴えに関する説明で最も適当なものを，次の**ア～エ**から一つ選び，記号で答えなさい。

ＸはＹにお金を貸したが，返済を約束した期日になってもＹはＸにお金を返さなかった。そこでＸは裁判所にＹを訴えた。裁判所はＸの訴えを認め，Ｙに返済と賠償金の支払いを命じた。

ア　刑事裁判で争われ，Ｘは原告，Ｙは被告となる。
イ　刑事裁判で争われ，Ｘは検察官，Ｙは被告人となる。
ウ　民事裁判で争われ，Ｘは原告，Ｙは被告となる。
エ　民事裁判で争われ，Ｘは検察官，Ｙは被告人となる。

問８　下線部⑧に関連して，住民は直接請求権に基づいて条例の制定を請求することができる。居住するＺ市の有権者数が300,000人の場合，条例の制定を請求するために最低必要な署名の数とその請求先の組合せとして正しいものを，次の**ア～エ**から一つ選び，記号で答えなさい。

ア　6,000人　－　選挙管理委員会　　**イ**　6,000人　－　市長
ウ　100,000人　－　選挙管理委員会　　**エ**　100,000人　－　市長

7　以下の問いに答えなさい。

問１　右の写真は，2024年度から使用予定の紙幣のデザインである。日本銀行は紙幣を発行することから何と呼ばれているか。**漢字４字**で答えなさい。

表

問２　次の文は，次郎君が日本銀行の行う金融政策の一部をまとめたものである。空欄（　a　）～（　c　）に入る語句の組合せとして正しいものを，次の**ア～ク**から一つ選び，記号で答えなさい。

不景気が続くと，デフレーションが起こり，通貨の価値が（　a　）ことがある。日本銀行は景気を回復させるために，一般の銀行がもつ国債などを（　b　）ことで，通貨量を調整する。そうすると，一般銀行は企業に貸し出す際の金利を（　c　）ようとする。企業はお金を借りやすくなり，生産が活発になり，景気は回復する。

ア　a－上がる　b－買う　c－上げ　　**イ**　a－上がる　b－買う　c－下げ
ウ　a－上がる　b－売る　c－上げ　　**エ**　a－上がる　b－売る　c－下げ
オ　a－下がる　b－買う　c－上げ　　**カ**　a－下がる　b－買う　c－下げ
キ　a－下がる　b－売る　c－上げ　　**ク**　a－下がる　b－売る　c－下げ

問３　次の図は，円高または円安になった際に，アメリカから日本へ３万ドルの自動車を輸入した場合の円に換算した価格を図で示したものである。空欄［　d　］～［　g　］に入る語句の組合せとして正しいものを，次の**ア～エ**から一つ選び，記号で答えなさい。

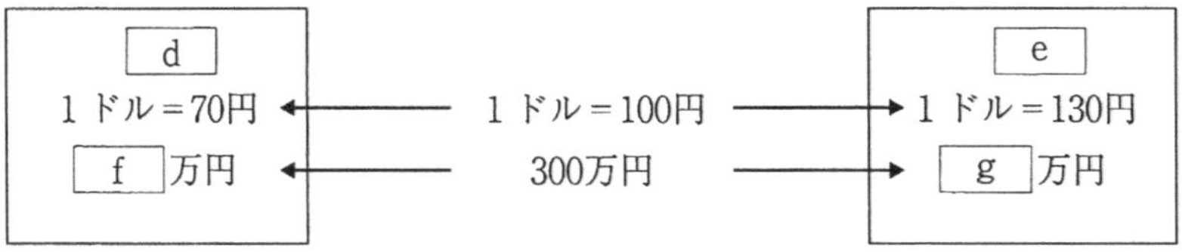

ア　d－円高　e－円安　f－210　g－390　　**イ**　d－円安　e－円高　f－210　g－390
ウ　d－円高　e－円安　f－390　g－210　　**エ**　d－円安　e－円高　f－390　g－210

問４　国際連合の専門機関とその略称の組合せとして**適当でないもの**を，次の**ア～エ**から一つ選び，記号で答えなさい。

ア　国連教育科学文化機関－UNESCO　　**イ**　世界保健機関－WHO
ウ　国連貿易開発会議－UNHCR　　**エ**　国連児童基金－UNICEF

問５　右図の国連の持続可能な開発目標（SDGs）に関して，貧しい人々が事業を始めるために，少額のお金を貸し出す融資を何というか。**カタカナ**で答えなさい。

※イラスト省略

問６　広大な国土や多くの人口，豊富な資源を背景に急速に経済成長したBRICSとよばれる国に**該当しない**ものを，次の**ア～オ**から一つ選び，記号で答えなさい。

ア　ブラジル　　**イ**　ロシア　　**ウ**　インド　　**エ**　中国　　**オ**　シンガポール

問７　社会保障に関して，次の文章の空欄（　h　）・（　i　）に当てはまる数字を答えなさい。

日本は，少子高齢化への対応として，介護保険制度と後期高齢者医療制度を導入している。介護保険制度では，（　h　）歳以上の人の加入が義務付けられている。また，後期高齢者医療制度は（　i　）歳以上の高齢者（後期高齢者）が，他の世代とは別の医療保険制度に加入する制度である。

受験番号	

日本大学山形高等学校

令和4年度　入学試験

理科問題

時間割

1	国語	9：00～9：50
2	数学	10：20～11：10
3	社会	11：40～12：30
	昼食	12：30～13：10
4	理科	13：10～14：00
5	英語	14：30～15：20

注意事項

1 「開始」のチャイムが鳴るまで，開かないでください。

2 「開始」のチャイムが鳴ったら，解答用紙に受験番号を書いてください。

3 問題冊子は，１ページから７ページまであります。試験開始と同時にページを確認してください。

4 答えは，すべて解答用紙に書いてください。

5 「終了」のチャイムが鳴ったら，すぐに鉛筆を置き，受験番号が書いてある方を表にして，後ろから自分の解答用紙を上にのせて，前の人に渡してください。

6 問題の内容についての質問には一切応じません。それ以外のことについて尋ねたいことがあれば，手をあげて聞いてください。

7 次のものは使用しないでください。

下じき，分度器，計算・単語表示機能・送信機能等の付いた腕時計，携帯電話，ボールペン。

1

図1のように，試験管**A**には水とストローで息を十分に吹き込んだBTB溶液とオオカナダモを，試験管**B**には水とストローで息を十分に吹き込んだBTB溶液のみを入れて，それぞれにゴム栓をして試験管に同じ強さの光を十分に数時間当てた。光を当てる前と後の試験管内の水溶液の色を比べると，試験管**A**のみが変化していた。次の問いに答えなさい。

(1) 光を当てる前の試験管**A**内の水溶液の色は何色であったと考えられるか。

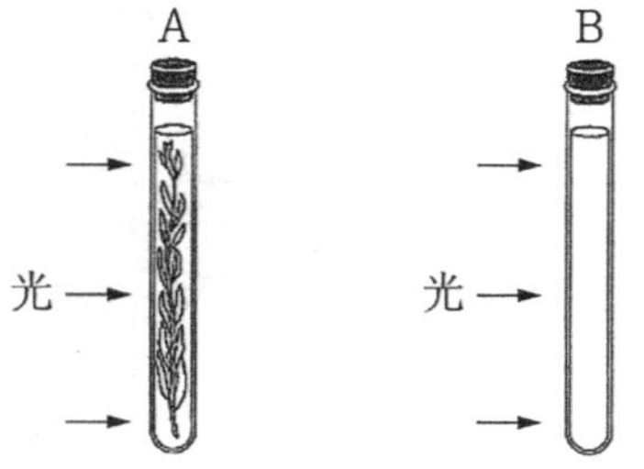

図1

(2) 次の文中の（　　）に当てはまる語句を漢字で答えよ。

光を当てた後，試験管**A**内の水溶液の色が変化したのは，オオカナダモが（ ① ）で排出するある気体**X**の量よりも（ ② ）で吸収する気体**X**の量の方が多くなったためである。

(3) (2)の気体**X**は何か。化学式で答えよ。

(4) オオカナダモは種子で仲間を増やし，根はひげ根である。オオカナダモと同じ仲間の植物を次の**ア**～**サ**から**すべて**選び，記号で答えよ。ただし，選択肢に答えがない場合は，「×」と記入すること。

ア アサガオ　**イ** ヒマワリ　**ウ** イネ　**エ** ツツジ

オ ソテツ　**カ** エンドウ　**キ** タンポポ　**ク** イチョウ

ケ ワラビ　**コ** ゼニゴケ　**サ** サクラ

2

セキツイ動物**A**～**C**に関する**表1**と**図2**を見て，次の問いに答えなさい。

表1　セキツイ動物**A**～**C**のなかまのふやし方

セキツイ動物	なかまのふやし方
A	卵生
B	胎生
C	卵生

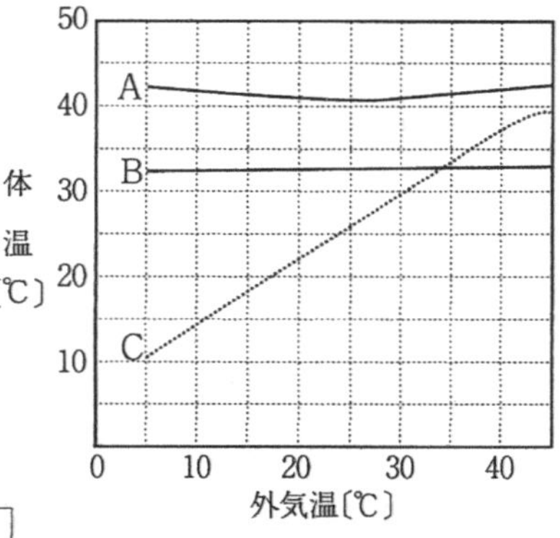

図2

(1) セキツイ動物**A**～**C**に当てはまる生物の組み合わせで正しいものを，次の**ア**～**カ**から一つ選び，記号で答えよ。

記号	A	B	C
ア	ハチュウ類	ホニュウ類	鳥類
イ	ハチュウ類	鳥類	ホニュウ類
ウ	鳥類	ホニュウ類	ハチュウ類
エ	鳥類	ハチュウ類	ホニュウ類
オ	ホニュウ類	鳥類	ハチュウ類
カ	ホニュウ類	ハチュウ類	鳥類

(2) セキツイ動物は血液を体内で循環させて全身の細胞に酸素を送るしくみがある。肺で酸素と結合して全身に酸素を運ぶ役割をする細胞を何というか。漢字で答えよ。

(3) 細胞が酸素と養分から生命活動に必要なエネルギーをつくることを何というか。

(4) 血液中の不要物をろ過によってとり除く器官を何というか。

3 次のⅠ～Ⅳの文章はメンデルの実験についてまとめたものである。下の問いに答えなさい。

Ⅰ　メンデルは親にあたる個体として，丸形の種子をつくる純系のエンドウと，しわ形の種子をつくる純系のエンドウとをかけ合わせた。得られた種子（子にあたる個体）の形はすべて丸形であった。

Ⅱ　次に，メンデルはこの丸形の種子（子にあたる個体）を育て，自家受粉させた。得られた種子（孫にあたる個体）の形は丸形としわ形の両方であった。

Ⅲ　**表2**は，メンデルの実験結果を示したものである。

Ⅳ　メンデルはこの結果を説明するために，対立形質を決める１対の要素があると考えた。

表2

純系の親の形質	丸	しわ
子に現れた形質	すべて丸	
孫に現れた形質の個体数の比	丸：しわ　＝　5474：1850	

(1)　次の文は，エンドウのふえ方について表したものである。文中の（　　）に当てはまる語句の組み合わせとして正しいものを**ア～ク**から一つ選び，記号で答えよ。

エンドウは被子植物であり，（　①　）生殖を行うことでなかまをふやす。受粉が起こると花粉から（　②　）がのび，胚珠にとどく。(②) で送られてきた精細胞と胚珠の中の（　③　）が受精する。受精卵は（　④　）分裂を繰り返して胚になる。胚は成長に適した環境になると成長して植物体となる。

記号	①	②	③	④
ア	有性	精子	卵	減数
イ	有性	花粉管	卵細胞	減数
ウ	有性	花粉管	卵	体細胞
エ	有性	花粉管	卵細胞	体細胞
オ	無性	精子	卵	体細胞
カ	無性	花粉管	卵細胞	体細胞
キ	栄養	花粉管	卵	減数
ク	栄養	精子	卵細胞	減数

(2)　子に現れなかったしわの形質を丸の形質に対して何というか。漢字で答えよ。

(3)　**表2**について，孫に現れた形質のうち，丸形の個体数はしわ形の個体数のおよそ何倍か。小数第１位を四捨五入して整数で答えよ。

(4)　種子が丸の形質になる遺伝子をR，種子がしわの形質になる遺伝子をｒとする。このとき，親の個体**X**と**Y**のあいだにできる子の形質に，しわが現れる可能性がある親の個体の遺伝子の組み合わせを**すべて**選び，記号で答えよ。

記号	親の個体**X**の遺伝子	親の個体**Y**の遺伝子
ア	RR	Rr
イ	rr	Rr
ウ	Rr	Rr
エ	R	r
オ	r	r

4 2021年は，東日本大震災の発生から10年に当たる。**表3**は，ある地震に関するデータである。次の問いに答えなさい。

(1) 震源までの距離が80 kmの地点での初期微動継続時間は何秒か。

(2) この地震のＰ波の速さは何km/sか。

(3) この地震が発生した時刻はいつか。

(4) この地震のＳ波の速さは何km/sか。

表3

震源までの距離	80 km	200 km
初期微動のゆれ始めの時刻	8時23分20秒	8時23分35秒
主要動のゆれ始めの時刻	8時23分30秒	8時24分00秒

5 **図3**は，2021年８月13日15時の日本付近の気圧配置を表したものである。下の問いに答えなさい。

2021年８月，西日本を中心として長期間にわたり大雨が降った。その原因は，夏に発達する（ ① ）気団の発達が弱く，代わって北には梅雨の時期によく現れる（ ② ）気団が発達したため，この二つの高気圧にはさまれる形で（ ③ ）前線が発達したためと考えられている。

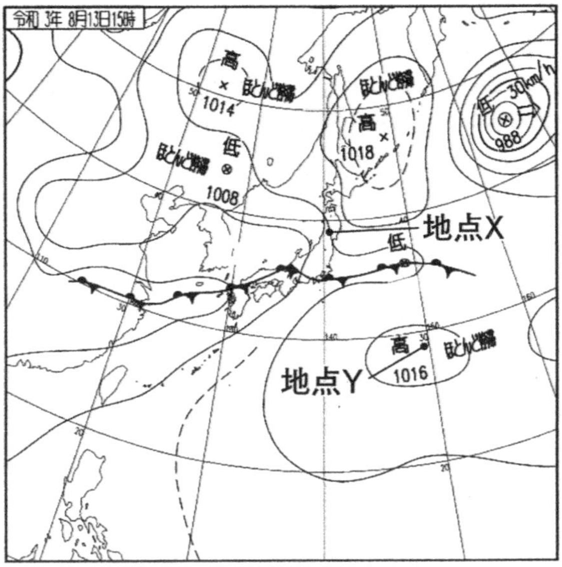

図3

(1) 上の文中の（　　）に当てはまる適当な語句を答えよ。

(2) 地点**X**の気圧は何hPaか。

(3) 地点**Y**の地表付近における水平方向と垂直方向の大気の流れの様子を模式的に表すとどうなるか。次の**ア**～**エ**から一つ選び，記号で答えよ。

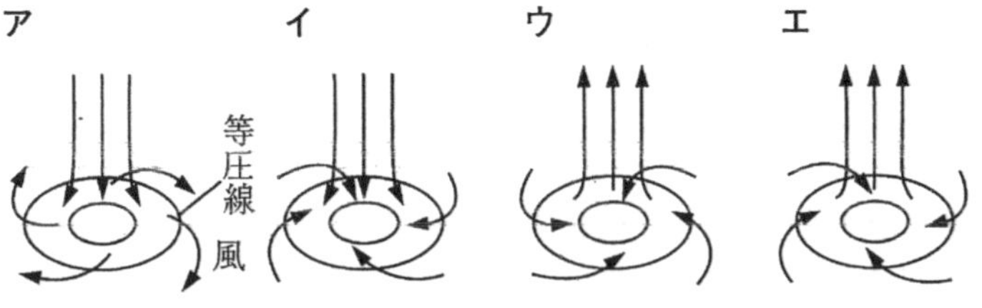

6 月について，次の問いに答えなさい。

(1) 2021年５月26日，皆既月食が３年ぶりに日本で見られた。皆既月食が起こるときの，太陽，地球，月の配列を模式的に表すと，どのようになるか。次の**ア**～**ウ**から一つ選び，記号で答えよ。

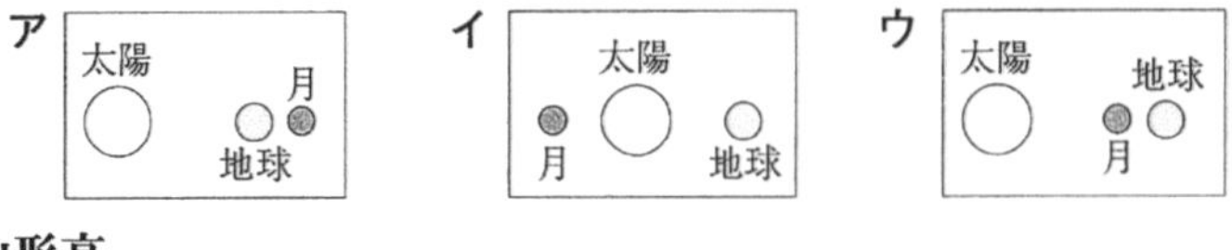

(2) **図4**は，ある日のある地点で日没時に観察した月の形と位置を記録したもので，**図5**は，月の公転を北極側から見て表した模式図である。次の各問いに答えよ。

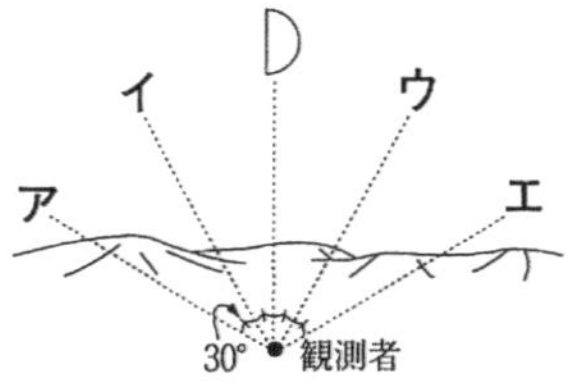

図4

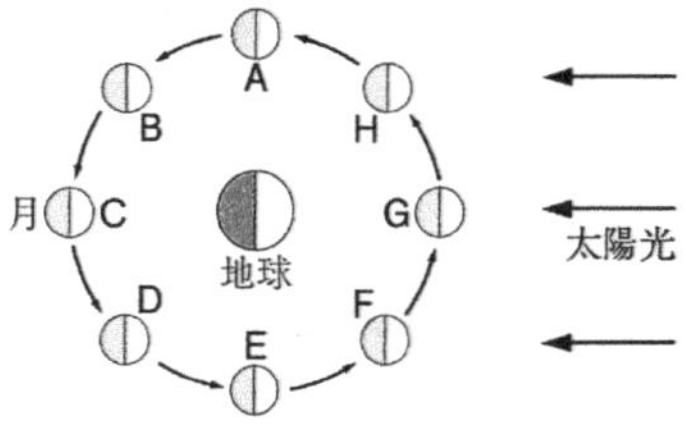

図5

① **図4**の月は，どの位置にあるか。**図5**の**A**～**H**から一つ選び，記号で答えよ。

② **図4**の月は，どの方位に見えたか。

③ **図4**の月は，２時間後にどこに見えるか。**図4**の**ア**～**エ**から一つ選び，記号で答えよ。

(3) **図4**の月を観察した日から，１週間後に見える月について，次の各問いに答えよ。

① この月は**図5**の**A**～**H**のどの位置にあるか。最も適当なものを一つ選び，記号で答えよ。

② この月が南中するのは，およそ何時か。次の**ア**～**エ**から一つ選び，記号で答えよ。

ア 真夜中(０時)　　**イ** 6時　　**ウ** 12時　　**エ** 18時

7 次の問いに答えなさい。

(1) 清水君は１階の床に置かれた物体に対して以下の操作①～⑤を連続して行った。これらの操作①～⑤のうち，清水君が物体に対して**仕事をしていない**操作の組み合わせとして最も適当なものを，次の**ア**～**カ**から一つ選び，記号で答えよ。

操作①：物体をゆっくりと垂直に持ちあげる。

操作②：物体を持ったまま，ゆっくりと水平に１階の床を歩く。

操作③：物体を持ったまま，ゆっくりと階段を昇り２階へ上がる。

操作④：物体を持ったまま，２階の床の上で立ち止まる。

操作⑤：物体を，２階の床にゆっくりと垂直におろして置く。

ア 操作①と操作⑤　　**イ** 操作②のみ　　**ウ** 操作②と操作④

エ 操作③のみ　　**オ** 操作④のみ　　**カ** 操作⑤のみ

(2) 電流計と電圧計の使い方に関する次の文中の（　　）に入る語句の組み合わせとして最も適当なものを，次の**ア**～**カ**から一つ選び，記号で答えよ。

電流計は，回路に対して（ ① ）につなぐ。また，電流計の－端子には「50 mA」，「500 mA」，「5 A」の３つの端子があるが，最初に電流を測定する際には（ ② ）の端子につなぐ。

電圧計は，回路に対して（ ③ ）につなぐ。また，電圧計の－端子には「3 V」，「15 V」，「300 V」の３つの端子があるが，最初に電圧を測定する際には（ ④ ）の端子につなぐ。

記号	①	②	③	④
ア	直列	50 mA	並列	300 V
イ	直列	5 A	並列	300 V
ウ	直列	5 A	並列	3 V
エ	並列	50 mA	直列	300 V
オ	並列	5 A	直列	300 V
カ	並列	5 A	直列	3 V

(3) 太陽の光をプリズムに通すと，赤や紫などさまざまな色の光に分かれた。この現象と同じ原理で起こっている現象や，この現象の利用例として最も適当なものを，次の**ア**～**オ**から一つ選び，記号で答えよ。

ア 水中の物体は浮き上がって見える。
イ 鏡に自分の姿がうつる。
ウ 胃カメラは細いガラス繊維を使っている。
エ 雨上がりに虹が見られる。
オ ルーペで葉の表面を拡大して観察できる。

(4) 熱の伝わり方について，熱の伝わり方の名称と，その説明文を正しく組み合わせたものとして最も適当なものを，次の**ア**～**オ**から一つ選び，記号で答えよ。

記号	名称	説明文
ア	伝導	加熱された気体や液体などが移動して熱が伝わる。
イ	対流	物体が加熱されると，加熱された部分から順に周囲へ熱が伝わる。
ウ	放射	空間をへだてて離れたところまで熱が伝わる。
エ	伝導	空間をへだてて離れたところまで熱が伝わる。
オ	放射	物体が加熱されると，加熱された部分から順に周囲へ熱が伝わる。

(5) 6 Ωの抵抗3つを，電圧が18 Vの電源に接続する。これら3つの抵抗を「並列」に接続すると，「直列」に接続した場合の何倍の強さの電流が流れるか。

(6) ある物体をはかりに載せた。**図6**のように，この物体に軽い糸をつけて上向きに10 Nで引いたときのはかりの目盛りは，**図7**のように，この物体の上に質量3 kgのおもりを重ねて置いたときのはかりの目盛りのちょうど半分となった。この物体の質量は何kgか。ただし，質量が100 gの物体にはたらく重力の大きさを1 Nとする。

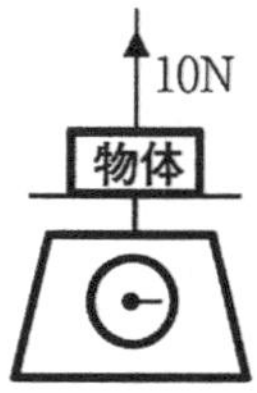

図6

図7

(7) たかひろ君は，床に置かれた重さ80 Nの物体を，一定の速さで3秒間かけて1.5 mだけ持ち上げた。このとき，たかひろ君がした仕事の仕事率は何Wか。

(8) 身長160 cmの花子さんが鏡に全身をうつすためには，鏡の上下の長さは何cm以上あればよいか。

8 **図8**のように，海上で同一直線上に島，船，がけが並んでいる。島には一郎君がおり，船には二郎君が乗っていて島（一郎君）と船（二郎君）は170 m離れている。ある時刻に一郎君が太鼓を叩いた。空気中を音が伝わる速さを340 m/sとする。次の問いに答えなさい。

(1) 太鼓の音が二郎君に届くのは何秒後か。

(2) 太鼓を叩いてから4秒後に，一郎君はがけで反射してきた太鼓の音を聞いた。船とがけとの間の距離は何mか。

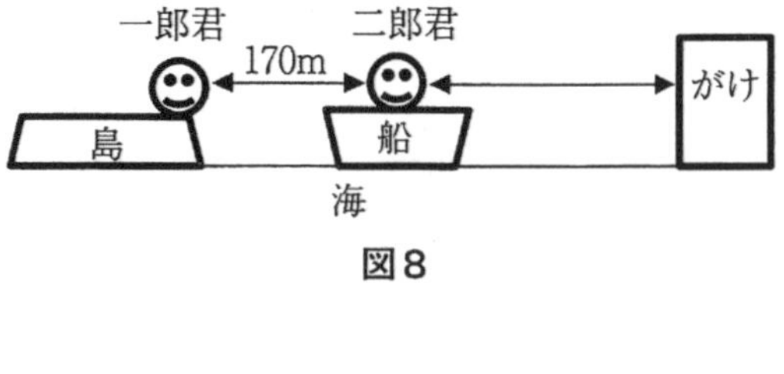

図8

9

佐藤君と鈴木さんが100 mの競走をしたところ，佐藤君は10秒というタイムを記録した。佐藤君と鈴木さんはともに，スタートからゴールまでそれぞれ一定の速さで走ることができるとして，次の問いに答えなさい。

(1) 佐藤君の走る速さは何m/sか。

(2) 佐藤君がゴールした瞬間，鈴木さんはその20 m後方にいた。ゴール後も佐藤君は(1)と同じ速さで走り続けたとすると，鈴木さんがゴールするまでに佐藤君はあと何m走ったか。

10

電池のしくみについて調べるために，３種類の金属板**A**，**B**，**C**と，うすい硫酸を用いて【実験１】【実験２】を行った。下の問いに答えなさい。

【実験１】うすい硫酸を試験管に入れ，金属板**A**，**B**，**C**の小片をそれぞれ入れたところ，**表4**のような結果になった。

表4

金属板	金属板**A**	金属板**B**	金属板**C**
試験管内のようす	激しく気体を発生しながら溶けた。	おだやかに気体を発生しながら溶けた。	溶けなかった。

【実験２】**図9**のように，うすい硫酸に２枚の金属板を入れる装置を用意した。この装置の**X**に金属板Bを，**Y**に金属板**C**を用いて導線でつなぎ，検流計を接続したところ，両方の金属板から気体が発生し，検流計の針がある方向にふれた。

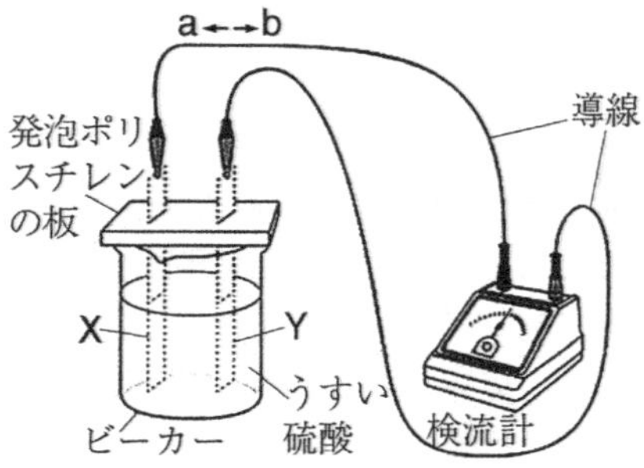

図9

(1) 【実験２】より，２枚の金属板とうすい硫酸が電池の役割を果たし，導線に電流が流れていることがわかる。導線を移動する電子の向きは，**図9**の矢印**a**，**b**のどちらか。また，金属板**C**は何極か。これらの組み合わせとして適するものを次の**ア**～**エ**から一つ選び，記号で答えよ。

記号	電子の向き	金属板**C**の極
ア	a	＋極
イ	a	－極
ウ	b	＋極
エ	b	－極

(2) 【実験２】において，検流計の針がふれている間にビーカーの液体中に増加するイオンは何であると考えられるか。次の**ア**～**カ**から一つ選び，記号で答えよ。

ア 金属**B**のイオン　**イ** 金属**C**のイオン　**ウ** 金属**B**のイオンと金属**C**のイオン
エ 水素イオン　**オ** 金属**B**のイオンと水素イオン　**カ** 金属**C**のイオンと水素イオン

(3) 【実験２】では，金属板**B**と金属板**C**を導線でつなぐことにより，【実験１】で気体が発生しなかった金属板**C**からも気体が発生した。この気体発生のようすをイオン反応式で表した場合，係数も含めて（①），（②）にあてはまる化学式またはイオン式をそれぞれ書け。

(①) ＋ $2e^-$ → (②)

(4) 【実験２】の装置で，うすい硫酸を次の**ア**～**エ**の液体に変えたときに電流が流れると考えられるのはどれか。**すべて**選び，記号で答えよ。

ア 純粋な水　**イ** 食塩水　**ウ** 砂糖水　**エ** うすい水酸化ナトリウム水溶液

11 次の各問いに答えなさい。

(1) 次の文中の（①）～（③）にあてはまるものの組み合わせとして最も適するものを，下の**ア～カ**から一つ選び，記号で答えよ。また，（④）に入る色を解答欄に書け。

炭酸水素ナトリウムは，加熱すると炭酸ナトリウム，（　①　），（　②　）の３種類の物質に分解される。（①）の生成を確かめるには（　③　）を用い，（②）の生成を確かめるには塩化コバルト紙を用いて，（②）を塩化コバルト紙につけたときに（④　　色から　　色）に変わることで確認できる。

ア　①二酸化炭素　②酸素　③石灰水　　**イ**　①二酸化炭素　②水　③石灰水
ウ　①酸素　②水　③火のついた線香　　**エ**　①酸素　②二酸化炭素　③石灰水
オ　①水　②二酸化炭素　③石灰水　　**カ**　①水　②酸素　③火のついた線香

(2) 鉄粉と硫黄をよく混ぜ合わせ，試験管に入れ十分に加熱した。加熱後には鉄粉は残っていなかった。試験管内にできた物質の性質として正しいものはどれか。次の**ア～エ**から一つ選び，記号で答えよ。

ア　磁石に引きつけられ，塩酸を加えると硫化水素が発生する。
イ　磁石に引きつけられ，塩酸を加えると水素が発生する。
ウ　磁石に引きつけられず，塩酸を加えると硫化水素が発生する。
エ　磁石に引きつけられず，塩酸を加えると水素が発生する。

12 次の５種類の水溶液**A～E**について，さまざまな実験を行った。**表５**は，２種類の水溶液を混ぜたあと，①反応後にろ過して得られる固体の質量〔g〕と②反応後に加熱して得られる固体の質量〔g〕の値を示したもので，③は混ぜたあとの水溶液の特徴である。次の問いに答えなさい。

A　塩酸　　**B**　水酸化ナトリウム水溶液　　**C**　炭酸ナトリウム水溶液
D　硫酸　　**E**　水酸化バリウム水溶液

表５

実験	水溶液の混合	①	②	③
1	**A** 100 mL ＋ **B** 100 mL	（ａ）	0.585	中性になった。
2	**A** 100 mL ＋ **B** 200 mL	0	0.985	アルカリ性になった。
3	**A** 100 mL ＋ **C** 50 mL	0	0.585	反応後に加熱して得られる固体は，**実験１**と同じであった。
4	**A** 100 mL ＋ **C** 100 mL	0	1.115	アルカリ性になった。
5	**B** 100 mL ＋ **D** 50 mL	0	0.710	中性になった。
6	**D** 100 mL ＋ **E** 100 mL	2.33	（ｂ）	水溶液は電気を通さなかった。

(1) 水溶液**A**と混ぜると無臭の気体が発生する水溶液はどれか。**B～E**から一つ選び，記号で答えよ。また，そのとき発生する気体を化学式で書け。

(2) **実験１**と**実験２**から考察して，水溶液**A** 100 mLと水溶液**B** 150mLを反応させたあと，加熱して得られる固体の質量は何gか。

(3) **実験３**と**実験４**から考察して，水溶液**C** 100 mL中に炭酸ナトリウムは何g含まれているか。

(4) 表中の（ａ），（ｂ）に入る数字を書け。

(5) 水溶液**A** 100 mLとちょうど反応する水溶液**E**は何mLか。

受験番号	

日本大学山形高等学校

令和4年度　入学試験

英語問題

時間割

1	国語	9：00〜9：50
2	数学	10：20〜11：10
3	社会	11：40〜12：30
	昼食	12：30〜13：10
4	理科	13：10〜14：00
5	英語	14：30〜15：20

注意事項

1 「開始」のチャイムが鳴るまで，開かないでください。

2 「開始」のチャイムが鳴ったら，解答用紙に受験番号を書いてください。

3 問題冊子は，1ページから7ページまであります。試験開始と同時にページを確認してください。

4 答えは，すべて解答用紙に書いてください。

5 「終了」のチャイムが鳴ったら，すぐに鉛筆を置き，受験番号が書いてある方を表にして，後ろから自分の解答用紙を上にのせて，前の人に渡してください。

6 問題の内容についての質問には一切応じません。それ以外のことについて尋ねたいことがあれば，手をあげて聞いてください。

7 次のものは使用しないでください。
　下じき，分度器，計算・単語表示機能・送信機能等の付いた腕時計，携帯電話，ボールペン。

※音声は収録しておりません

1 これはリスニングテストです。放送の指示に従って答えなさい。

Part 1

No. 1

ア He usually takes a bus.
イ He usually takes a train.
ウ He usually rides his bike.
エ He usually walks.

No. 2

ア Last week.
イ Tomorrow.
ウ Today.
エ The day after tomorrow.

No. 3

ア Green Park.
イ Pine Street.
ウ The 31.
エ The 21.

Part 2

No. 1

ア With my family.
イ For 5 days.
ウ My brother likes skiing.
エ Thank you.

No. 2

ア Good idea.
イ I don't like to study.
ウ I'm wearing a jacket.
エ Your jacket is too small.

No. 3

ア You belong to the basketball club.
イ My computer.
ウ No, I'll just go home and sleep.
エ It takes about 20 minutes.

Part 3

No.1 会話の内容に合う天気予報を選びなさい。

ア 火曜日：雨　水曜日：雨　木曜日：雨　金曜日：晴

イ 火曜日：晴　水曜日：雨　木曜日：晴　金曜日：晴

ウ 火曜日：雨　水曜日：雨　木曜日：晴　金曜日：雨

エ 火曜日：雨　水曜日：晴　木曜日：晴　金曜日：晴

No.2 会話の内容に合う時間割を選びなさい。

ア

	Monday	Tuesday
1	Science	English
2	History	PE
3	PE	English
4	Homeroom	Homeroom

イ

	Monday	Tuesday
1	Science	English
2	PE	English
3	PE	History
4	Homeroom	Homeroom

ウ

	Monday	Tuesday
1	History	Science
2	English	PE
3	English	PE
4	Homeroom	Homeroom

エ

	Monday	Tuesday
1	Science	Science
2	English	PE
3	English	PE
4	Homeroom	Homeroom

Part 4

町の映画館の料金

時間帯	種類	料金
午前10時～午後６時	チケットのみ	$15
	チケット（飲み物・ポップコーン付）	(No.1)
午後６時～午後11時	チケットのみ	(No.2)
	チケット（飲み物・ハンバーガー付）	$20

ア. $10　イ. $18　ウ. $20　エ. $23　オ. $25　カ. $28

2 次の問いに答えなさい。

1 (1)〜(9)の日本語の意味に合うように，(　　　) 内の語（句）を並べかえなさい。
(　　　) 内で，３番目と５番目にくる語（句）の正しい組み合わせを記号で選び答えなさい。（選択肢は３番目－５番目の順で記載してある。文頭にくるべき語も小文字にしてある。）

(1) 誰かがそこのドアのところにいるよ。
(あ door / い is / う someone / え at / お there / か the).
ア. え－い　イ. う－か　ウ. お－あ　エ. お－い

(2) 天童駅に行くにはどの電車に乗ればよいですか。
Which (あ take / い should / う to / え train / お I / か get to) Tendo Station ?
ア. お－あ　イ. お－う　ウ. い－う　エ. い－あ

(3) 何かおもしろい話をしてくれる？
(あ tell / い interesting / う will / え me / お you / か some / き stories) ?
ア. あ－い　イ. あ－か　ウ. あ－お　エ. あ－き

(4) この本は人生の考え方について教えてくれた。
(あ book / い this / う taught / え think / お how / か me / き to) about life.
ア. う－お　イ. う－か　ウ. き－か　エ. き－お

(5) 私が泊まったホテルは100年前に建てられた。
The (あ stayed / い built / う hotel / え at / お I / か one hundred / き was) years ago.
ア. か－う　イ. あ－き　ウ. あ－う　エ. か－あ

(6) これは２年前に父が買った時計です。
This is (あ my / い bought / う two / え watch / お years ago / か the / き father).
ア. あ－い　イ. あ－か　ウ. い－え　エ. い－か

(7) 何か冷たい飲み物をくれませんか？
Could you give (あ drink / い me / う cold / え to / お something) ?
ア. お－い　イ. お－あ　ウ. う－あ　エ. う－え

(8) 車で東京に行くならどのくらい時間がかかりますか？
How many hours (あ take / い it / う does / え if / お go / か we / き to) Tokyo by car ?
ア. あ－か　イ. あ－う　ウ. お－き　エ. お－あ

(9) 他の人に自分の考えを話すのは常に大切なことです。
It's (あ to / い always / う give / え your / お important / か ideas) to other people.
ア. あ－え　イ. あ－か　ウ. う－か　エ. う－え

(B) I'm going to the shopping mall. I want to buy a new jacket. Do you want to go with me?

(A) Sure, but let's eat something at the mall. I'm very hungry.

No.3

(A) John, you look tired today.

(B) Yeah, I don't feel good.

(A) Are you coming to the basketball practice after the English class?

これで Part 2 を終わります。問題冊子の Part 3 を見てください。

Part 3 は No.1 と No.2 です。それぞれの場面の対話を聞き，問題冊子に印刷されている質問の答えとして最も適切なものをアからエの中から 1 つずつ選び，記号で答えなさい。英文は 2 回読まれます。では，始めます。

No.1

(A) It is a bad idea to go cycling on Wednesday.

(B) Yeah, it will rain on Wednesday.

(A) It says the weather will be worse from Tuesday.

(B) But it will be fine on Friday.

No.2

(A) I'm happy because science is the first class on Monday.

(B) Yes, but we don't have an English class this Monday.

(A) Really? Then, what's after science?

(B) History, but we have two English classes on Tuesday.

(A) Two English classes in one day? I'm very excited!

これで Part 3 を終わります。問題冊子の Part 4 を見てください。

これから読まれる英文は，町の映画館の料金についてです。英文を聞き，表の(No.1),(No.2)に当てはまる最も適切なものを，アからカの中から 1 つずつ選び，記号で答えなさい。英文は 2 回読まれます。では，始めます。

This is the list of ticket prices at the movie theater in town. Tickets from 10am to 6pm cost $15. From 6pm to 11pm, they are $5 cheaper. If you pay $3 more, you can have a drink and popcorn.

これでリスニングテストを終わります。

受験番号

合計得点
※

※100点満点
（配点非公表）

（※印の欄には記入しないでください。）

問六

小　計
※

問九

小　計
※

問四

小　計
※

問二

問三
Ⅰ
Ⅱ

小　計
※

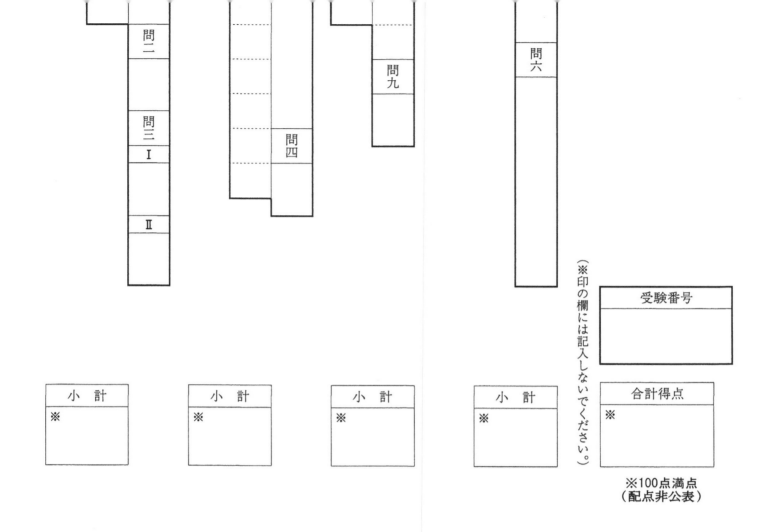

	(6)	(7) ∠ x = °	(8)

3	(1)	(2)	(3)

4	(1)	(2)	(3)

5	(1)	(2) °	(3)

6	①	②	③	④

4											
問1	→ →	問2									

5											
問1	番号		記号		問2	番号		記号		問3	番号		記号	
問4	番号		記号		問5	番号		記号		問6	番号		記号	

小計(345)
※

6										
問1		問2			問3		問4			
問5	b		c		問6		問7		問8	

7									
問1		問2		問3		問4			
問5		問6		問7	h		i		

小計(67)
※

6	(1)		(2)	①		②		③	
	(3)	①		②					

小　計
※

7	(1)		(2)		(3)		(4)	
	(5)	倍	(6)	kg	(7)	W	(8)	cm

8	(1)	秒後	(2)	m

9	(1)	m/s	(2)	m

小　計
※

10	(1)		(2)		(3)	①		②	(4)	

11	(1)		④	色から　　　　色	(2)	

12	(1)	記号		気体		(2)	g	(3)	g
	(4)	(a)		(b)		(5)	mL		

小　計
※

K 教英出版

3	(1)	あ	い	う	え	お
	(2)	①	②	③	④	
	(3)					
	(4)	A	B	C	D	
	(5)					
	(6)	(1)				
		(2)				
		(3)				

小　計
※

2022(R4) 日本大学山形高
教英出版

令和４年度　日本大学山形高等学校　入学試験

英　語　　解　答　用　紙

※100点満点
（配点非公表）

受験番号

合計得点
※

（注意　※には何も記入しないでください。）

1	1	No.1		No.2		No.3	
	2	No.1		No.2		No.3	
	3	No.1		No.2			
	4	No.1		No.2			

小　計
※

2	1	(1)	(2)	(3)	(4)	(5)	(6)	(7)	(8)	(9)
	2	(1)		(2)		(3)				

【解答

令和４年度　日本大学山形高等学校　入学試験

理　科　　解　答　用　紙

※100点満点
（配点非公表）

受験番号

合計得点
※

（注意　※には何も記入しないでください。）

1	(1)		(2)	①		②		(3)	
	(4)								

2	(1)		(2)		(3)		(4)	

3	(1)		(2)		(3)	倍	(4)	

小　計
※

4	(1)	秒	(2)	km/s	(3)	時　分　秒	(4)	km/s

【解答

令和４年度　日本大学山形高等学校　入学試験

社　会　　解　答　用　紙

※100点満点
（配点非公表）

受験番号

合計得点
※

（注意　※には何も記入しないでください。）

1	問１	度	問２	川	問３		
	問４		問５		問６		問７

小計（1 2）
※

2	問１	海岸	問２		問３		問４	Ⅰ	m
	問４	Ⅱ		Ⅲ		Ⅳ		Ⅴ	

	問１		問２		問３		問４	

【解答

令和４年度　日本大学山形高等学校　入学試験

数　学　　解　答　用　紙

※100点満点
（配点非公表）

受験番号

合計得点
※

（注意　※には何も記入しないでください。）

1	(1)	(2)
	(3)	(4)

	(1)	(2)　$x =$	(3)　$x =$　　　，　$y =$

【解答

令和四年度
日本大学山形高等学校　入学試験

国語　解答用紙

一

問一 (1)　(2)　問二　問三　問四

二

問一 a　b
問二 〜
問三　問四　問五　問六　問七
問十

三

問一 a　b　問二
問五　問六
問七　問八　問九

四

問一 A　B　C
問四　問五　問六　問七
問八 (1)　(2)

【解答

放送原稿

※音声は収録しておりません

これからリスニングテストを始めます。問題は Part 1 から Part 4 までの 4 つです。聞いている間にメモを取っても構いません。それでは Part 1 の問題を始めます。

Part 1 は No.1 から No.3 まであります。それぞれの場面の対話が流れた後，Question と言って質問をします。その質問の答えとして最も適切なものをアからエの中から 1 つずつ選び，記号で答えなさい。英文は 2 回読まれます。では，始めます。

No.1

(A) James, do you go to school by bus?

(B) No, I only take the bus when it rains.

(A) So, do you usually go by bike?

(B) No, I usually walk to school.

Question: How does James usually go to school?

No.2

(A) Mr. Anderson, when is our test?

(B) I told you last week, Ben. It will be tomorrow.

(A) Oh, I thought it was the day after tomorrow. I will study hard tonight.

Question: When is the test?

No.3

(A) Excuse me, but does the train number 21 stop at Pine Street Station?

(B) No. It only goes to Green Park Station.

(A) Is there a train that stops at Pine Street?

(B) The number 31 stops there. It takes about 30 minutes from here.

Question: Which train stops at Pine Street Station?

これで Part 1 を終わります。問題冊子の Part 2 を見てください。

Part 2 は No.1 から No.3 まであります。短い対話が読まれた後，最後の発言に対する最も適切な応答をアからエの中から 1 つずつ選び，記号で答えなさい。英文は 2 回読まれます。では，始めます。

No.1

(A) What did you do during the winter vacation?

(B) I went to Hokkaido to ski.

(A) Great! How long did you stay there?

No.2

(A) Hi, Bob. Where are you going?

2 次の各組の文がほぼ同じ内容になるように，（　　）内に適語を１語ずつ入れなさい。

(1) Ken isn't as young as Sam.
Ken is (　　) (　　) Sam.

(2) The news made my husband happy.
My husband was happy (　　) (　　) the news.

(3) Do you know her age?
Do you know (　　) (　　) she is?

(4) John cut the tree in the garden.
The tree in the garden (　　) (　　) by John.

(5) We don't know what to do next.
We don't know (　　) we (　　) do next.

3 （　　）内に入れるのに最も適切なものを選び，記号で答えなさい。

(1) Smartphones have changed our way of (　　).
ア. work　イ. minute　ウ. communication　エ. audition

(2) There was a (　　) accident on the main street last week.
ア. traffic　イ. truth　ウ. special　エ. skill

(3) When I was a child, going to a supermarket alone was a very exciting (　　).
ア. passport　イ. accident　ウ. medicine　エ. adventure

(4) These houses in this area were mainly made of (　　).
ア. future　イ. wood　ウ. construction　エ. building

(5) The sun is the center of the (　　) system.
ア. solar　イ. power　ウ. cooler　エ. roller

(6) Breakfast gives us (　　) and then our brains work better.
ア. elevator　イ. energy　ウ. mountains　エ. drink

3 次のストーリーを読んで，あとの問いに答えなさい。

When Ayako was twenty years old, she ①leave Japan for *Milan, Italy. She still lives there now. She was born and grew up in Yamagata. In high school, she became very interested (あ) fashion because she was attracted to the beautiful clothes created by a company in Yamagata. She made up her mind to become a fashion designer then. After graduating from high school, (A) and she got a chance to study fashion design in Italy to realize her dream. She entered the two-year program of a fashion school in Milan.

However, she didn't do very well at the school in the beginning. She got homesick and began to think she would go back to Japan. So she went (い) to get her return ticket to Japan. On the way, she *dropped by at a cafe to eat lunch. She met a Japanese man ②sit at the next table there. They talked a lot to each other about their lives. His name was Takashi. He was (う) Sendai. He was two years older than her. He was learning how to cook Italian food and become a chef. As (B), she fell in love with him.

In the end, she finished the program in Milan and got married to Takashi. She worked at his restaurant instead of at a fashion company. A few years passed and she became a mother. Her cute daughter's name was Yuri. She enjoyed ③make clothes for her child. Yuri looked very happy as the clothes were so cute. Ayako was satisfied (え) that.

As time went by, she remembered her dream as a young woman. One day, (C), an old friend of hers. There were two letters in it.

Naoko wrote, "Ayako, how are you doing in Italy? I'm doing very well in Yamagata. Do you remember the letters which we wrote when we graduated from junior high school? We wrote them to ourselves to open in the future. We put them into a box and *buried it under the big tree near the school gate. We decided ④open them when we turned thirty years old. The time has come. I will send your letter (お) you. I'd like to see you again soon, bye." In Ayako's letter she wrote, "Hello, how are you doing now? Do you have breakfast every morning? I wonder if you are a fashion designer. Maybe you are having a lot of difficulties. Please don't give up your dream. I'm sure ⑤you can do it. Believe in yourself!"

As soon as she finished reading it, (D). She said to herself, "*My past self is cheering me on. My dream is still alive." At dinner, she spoke to her husband, "I want to design clothes for children. May I stop my job at your restaurant?" Now she is busy working for a fashion company.

*Milan　ミラノ（イタリアの都市）　dropped by at ～　～に立ち寄った　buried　埋めた
My past self　過去の自分自身

(1) （ あ ）～（ お ）に入る適切な語を次から選び，記号で答えなさい。ただし，同じ記号を２回以上使ってはいけません。

ア in　　イ to　　ウ with　　エ out　　オ from

(2) 下線部①②③④を本文に合うように適切な形に直しなさい。ただし，２語になる場合もあります。

(3) 下線部⑤のyouは誰のことですか。次から１つ選び，記号で答えなさい。

ア Ayako　イ Naoko　ウ Yuri　エ Takashi

(4) 本文中の空所 (A)(B)(C)(D) に入るものを次から１つずつ選び，記号で答えなさい。

ア she went to a fashion college in Tokyo
イ she received a letter from Naoko
ウ she began to cry with joy
エ she saw him talking about his dream eagerly
オ she was a fashion designer

(5) 本文の内容に合うものを３つ選び，記号で答えなさい。

ア Ayakoはファッションデザイナーを目指してミラノに来た。
イ Takashiは中学校の同級生であった。
ウ YuriはAyakoにファッションデザイナーになってと頼んだ。
エ Ayakoはホームシックになったが日本へ帰国しなかった。
オ NaokoはAyakoが中学生の時に書いた手紙をAyakoに郵送した。
カ NaokoはAyakoがちゃんと朝ごはんを食べているか心配している。
キ Ayakoの今の夢はイタリア料理のシェフになることである。

(6) 次の質問に英語で答えなさい。 ただし，(1)(2)は３語で，(3)は７語以上で答えなさい。
(句読点は語数に含めない。)

(1) Did Ayako make up her mind to become a fashion designer in high school?
(2) Did Ayako and Takashi study at the same fashion school?
(3) How long has Ayako lived in Milan?

このページは余白です。